KETOGENE ERNÄHRUNG

Vorteile Der Kugelsicheren Ernährung - Wie Startet Man Eine Kugelsichere Keto-diät

(Ketogene Ernährung Und Intermittierendes Fasten)

Cody D. Clark

Published by Knowledge Icon

© **Cody D. Clark**

All Rights Reserved

Ketogene Ernährung: Vorteile Der Kugelsicheren Ernährung - Wie Startet Man Eine Kugelsichere Keto-diät (Ketogene Ernährung Und Intermittierendes Fasten)

ISBN 978-1-990084-90-4

All rights reserved. No part of this guide may be reproduced in any form without permission in writing from the publisher except in the case of brief quotations embodied in critical articles or reviews.

Legal & Disclaimer

The information contained in this book is not designed to replace or take the place of any form of medicine or professional medical advice. The information in this book has been provided for educational and entertainment purposes only.

The information contained in this book has been compiled from sources deemed reliable, and it is accurate to the best of the Author's knowledge; however, the Author cannot guarantee its accuracy and validity and cannot be held liable for any errors or omissions. Changes are periodically made to this book. You must consult your doctor or get professional medical advice before using any of the suggested remedies, techniques, or information in this book.

Upon using the information contained in this book, you agree to hold harmless the Author from and against any damages, costs, and expenses, including any legal fees potentially resulting from the application of any of the information provided by this guide. This disclaimer applies to any damages or injury caused by the use and application, whether directly or indirectly, of any advice or information presented, whether for breach of contract, tort, negligence, personal injury, criminal intent, or under any other cause of action.

You agree to accept all risks of using the information presented inside this book. You need to consult a professional medical practitioner in order to ensure you are both able and healthy enough to participate in this program.

Table of Contents

Ist Ketose das Gleiche wie Ketoazidose?... 1

Wie setzt sich die Keto-Diät zusammen?... 4

Was ist im Rahmen der Keto-Ernährung erlaubt?................................ 6

Wie kann ich Ketose erreichen?.. 9

Was die Nahrungsmittel der „grünen Liste" Ihrem Körper bieten 11

Milchprodukte...11

Südwestlichen Omelette..15

Rindersteak aus dem Ofen..16

Mittwoch - Frühstück 17

Griechischer Salat mit Feta 18

Spargelsuppe mit Lachsfilet..20

Brotloses BLT Sandwich 22

Spiegelei mit Speck..25

Low-Carb Hühnchensalat..27

Gebackene Kräuter-Lachs 28

Freitag – Abendessen 30

Garnelen-Ingwer-Suppe..33

Artischocken mit Oliven-Kräuter-Dip 35

Hühnchen Suppe mit Curry und Kürbis 37

Geröstete Paprika-Nudelsalat...39

Montag – Mittagessen...41

Vanillepancakes..43

Leipziger Allerlei mit Spargel und Zuckerschoten 45

Kokosnuss-Kakao-Pralinen..47

Garnelen, Kartoffeln und Maissuppe 49

Donnerstag – Abendessen 51

Ketogenes Sushi 53

Lachs mit Ofengemüse und Feta 55

Flauschige Pfannkuchen 57

Zucchinisalat mit Cashewkernen 58

Haselnussaufstrich 60

7-Wrap mit Spinat und Feta 62

Frühstücks-Joghurt 64

Ketogene Garnelen auf pikanter Ratatouille 65

Sonntag – Frühstück 67

Hackbraten 69

Feta-Käse mit Oliven und Paprika 72

Zarte Maischolle mit Gurke und Limettensaft 73

Hähnchenmedaillons mit Speck umwickelt 75

Orange gegrilltes Huhn mit Mango-Salsa 76

Zutaten:: 76

Spargelsuppe mit Lachsfilet 78

Keto Brötchen 80

Avocado Chicken Sandwich mit Bacon 82

Omelett mit Lachs 84

Ketogene Thunfisch Zucchini Boote 85

Blumenkohl Pfannenkuchen (4 Portionen) 87

Auberginen Seeteufel Spießchen 89

Spaghetti mit Sardellen 91

Pilzragout in Kräuterrahm 93

Blumenkohlpüree 94

Blumenkohl-Hackfleisch-Auflauf 95

Ketogenes Weißbrot 97

Ketogener Lachs im Zucchini-Bett 99

Keto Zimt Kaffee (2 Portionen) 101

Balsamico gebratene Hähnchenschenkel 102

Keto-Pasta in Mascarpone Sauce 104

3-Muffins-Mini Frittata 106

Sesam-Mandel-Brot 107

Keto-Bananenwaffeln (8 Portionen) 109

Sonnengetrocknete Tomaten und Pistazien Käsebällchen 110

Hähnchen mit Cashewkruste 111

Champion Salat lauwarm 113

Low Carb Riegel mit Mandeln 115

Melonen-Feta-Salat 117

Brokkoli Salat (2 Portionen) 118

Roastbeef-sandwich 119

Zarte Maischolle mit Gurke und Limettensaft 120

Eiersalat 122

Lachs mit Parmesan und grünen Spargel 124

Saftige Pizza mit Thunfisch-Boden 126

100 % Cheddar Pizza Kruste 128

Chicken Cacciatore 130

Smoothie White Ice Coffee" 132

Frühstücksriegel mit Apfel und Zimt 133

Avocado Eier Salat 134

Crepes auf Ketogen 136

Curry-Shrimps-Suppe 138

Keto Hamburger (4 Portionen) 139

Keto Kräuterbutter 141

Bulletproof Coffee 143

Käseomelette (Vegetarisch) 144

Gemüselasagne 146

Thailändische Kokos-Suppe 148

Fleischbällchen 150

Kabeljau mit Mandeltopping auf Thymian – Basilikum – Tomaten ...152

Ist Ketose das Gleiche wie Ketoazidose?

Wenn man sich mit Medizin oder Ernährung beschäftigt, kommt man nur selten mit dem Begriff der Ketose in Kontakt. Sogar im Studium findet sie nur am Rande Erwähnung. Da der Begriff der Ketoazidose weitaus öfter fällt, wird diese häufig mit der Ketose gleichgesetzt oder verwechselt. Doch bei den beiden Begrifflichkeiten handelt es sich längst nicht um den gleichen Zustand. Um etwas Licht ins Dunkel zu bringen, möchten wir den Unterschied für Sie kurz erläutern.

Im Gegensatz zur Ketose handelt es sich bei der Ketoazidose um einen in unbehandeltem Zustand lebensbedrohlichen Prozess. Dieser kann eintreten, wenn dem Körper für lange Zeit die Kohlenhydrate entzogen werden und es in dessen Folge zu einem schweren Insulinmangel kommt. Auch im Rahmen einer Diabetes Typ 1 kann eine Ketoazidose auftreten.

Das liegt daran, dass bei einer Diabetes Typ 1 kein Insulin durch die Bauchspeicheldrüse produziert wird und dieses künstlich zugeführt werden muss. Wird kein Insulin extern gespritzt, wird auch keine Glukose in die Zellen geleitet, denn das ist unter anderem die Aufgabe des Insulins. Den Zellen steht also keine verwendbare Energie zur Verfügung, während gleichzeitig der Blutzuckerspiegel durch die mangelnde Verwertung unaufhörlich steigt.

Der Zustand einer Keotazidose ist bei einem gesunden Menschen eigentlich nicht möglich, da bei einer funktionierenden Bauchspeicheldrüse ausreichend Insulin produziert wird. In der ketogenen Ernährung, die weitestgehend ohne Kohlenhydrate auskommt, werden die sogenannten Ketonkörper als alternative Energiequelle aus Fettsäuren umgewandelt. Die Ketonkörper locken das Insulin und wenn es zu einer erhöhten Insulinkonzentration kommen sollte, werden überschüssige Ketonkörper über den Urin ausgeschüttet. Diesen Vorgang haben wir Ihnen bereits im Zusammenhang mit der objektiven Messung der Ketose über den Urin erläutert. Durch die Regulierung der Ketonkörper über den Urin sorgt das Insulin in einem gesunden Körper dafür, dass die Ketonkörper Konzentration konstant und in einem für den Organismus gesunden Rahmen verläuft.

Solange alle Prozesse im Körper normal funktionieren, besteht auch bei ketogener Ernährung also nicht die Gefahr einer Ketoazidose. Erst wenn die natürlichen Regulationsmechanismen außer Gefecht gesetzt sind, können die Werte zu stark ansteigen. Dieses Risiko besteht zum Beispiel für Patienten einer Diabetes Typ 1 jedoch nicht nur im Zustand der Ketose, sondern immer. Deswegen müssen Betroffene stets auf ein ausgewogenes Verhältnis von Zuckerzufuhr und Insulingabe achten. Ist dies der Fall, ist die Ketose auch für Diabetiker kein Problem.

Wie setzt sich die Keto-Diät zusammen?

Eine richtige ketogene Ernährung setzt sich aus viel Fett, einer geringen Menge Eiweiß und fast gar keinen Kohlenhydraten zusammen. Hochwertige Pflanzenfette sind in der Ernährung besonders wichtig. Sie können zum Beispiel durch Oliven oder Avocados aufgenommen werden. Bei der Wahl der Fettlieferanten sollten Sie darauf achten, dass es sich um hochwertige Fette handelt. Omega-3-Fettsäuren sind eine gute Wahl. Hochwertige Öle wie Rapsöl, Walnussöl oder Leinöl sind minderwertigen Lieferanten aus der Massenproduktion unbedingt vorzuziehen. Ungesättigte Fettsäuren sind enorm wichtig für den Körper, weil sie nur teilweise gespeichert und ansonsten zur Aufrechterhaltung der Zellmembran oder andere wichtige Prozesse genutzt werden. So werden aus ihnen auch Hormone produziert oder das Gehirn versorgt.

Wertvolle Ballast- und Mineralstoffe sollten ebenfalls nicht zu kurz kommen. Sie stecken in vielen Gemüsesorten, die nicht – wie von vielen Anwendern fälschlicherweise angenommen – vom Speiseplan gestrichen werden müssen. Lediglich die stärkereichen Hülsenfrüchte oder Wurzelgemüse sind für die ketogene Ernährung nicht geeignet, weil sie viele Kohlenhydrate enthalten. Fruchtgemüsesorten und Blattsalate sind dagegen kohlenhydratarm und zugleich wunderbare Mineralstofflieferanten.

Was ist im Rahmen der Keto-Ernährung erlaubt?

Nachdem Sie nun einige Informationen zur Gestaltung der ketogenen Ernährung erhalten haben, wollen wir an dieser Stelle konkreter werden. Zunächst stellt sich natürlich die Frage, welche Lebensmittel überhaupt erlaubt sind, wenn man den Stoffwechselzustand der Ketose erreichen will. Denn viele Menschen glauben, dass durch das Streichen der Kohlenhydrate vom Speiseplan leckeres Essen ein Ende hat. Doch das stimmt natürlich überhaupt nicht.

Natürlich müssen Sie im Rahmen einer kohlenhydratfreien oder –armen Ernährung auf Beilagen wie Nudeln, Kartoffeln, Reis oder Brot verzichten. Aber es gibt jede Menge Alternativen, die durchaus schmackhaft und sättigend sind. In der ketogenen Ernährung darf man schließlich alles essen, was Fett und Eiweiße enthält. Da es sich bei Fett um einen Geschmacksträger handelt, muss man sich um leckeres Essen also keine Sorgen machen. Und noch einen Vorteil hat die ketogene Ernährung: Weil der Körper in der Verwertung von Fetten deutlich effektiver arbeitet, wenn er sich in der Ketose befindet, können Sie bedenkenlos auch mal fettiges Essen genießen, das sie vorher als ungesund empfunden haben.

Bei der Frage, welche Nahrungsmittel in der ketogenen Ernährung erlaubt sind, ergibt sich vor allem eine Antwort: Die Qualität der Lebensmittel hat oberste Priorität. Als Fettquellen sollten daher, wenn möglich, pflanzliche Öle wie Walnuss-, Lein- oder Olivenöl und Kokosöl herangezogen werden. Außerdem eignen sich Samen, Nüsse, Eier, Käse und fetthaltige Fischsorten. Auch Fleisch kann eine Menge Fett liefern, sollte jedoch aus ökologischer Herkunft und nicht aus der Massenproduktion stammen.

Hähnchenfleisch und Fisch sind ebenfalls gute Energielieferanten in der ketogenen Ernährung, wobei auch auf Milchprodukte nicht vollständig verzichtet werden muss, sofern sie einen geringen Kohlenhydratanteil haben. Magerquark oder Naturjoghurt dürfen Sie also durchaus in Maßen in Ihren Speiseplan integrieren.

Obwohl einige Gemüse viele Kohlenhydrate enthalten, sollte es auf dem Speiseplan nicht fehlen. Es spielt in der ketogenen Ernährung eine wichtige Rolle, wobei man hier meistens vom „grünen Gemüse" spricht. Gemüse versorgt den Körper mit den nötigen Vitaminen, Mineralien und Antioxidantien und ist daher essenziell für einen gesunden Stoffwechsel. Auch wenn man auf die kohlenhydratreichen Gemüsesorten wie Kartoffeln verzichtet, bieten sich noch ausreichend Alternativen. Kohl ist zum Beispiel ein sehr vielseitiges Gemüse, das auf verschiedene Weisen verarbeitet werden und daher für viele Gerichte verwendet werden kann. Auch die Fruchtgemüsesorten wie Tomaten, Paprika oder Gurken sind eine willkommene Abwechslung und bringen ein bisschen Farbe auf Ihren Teller. Avocados sind ein sehr guter Fettlieferant und finden einen Platz in vielen modernen Gerichten. Das Gemüse hat den Vorteil, dass Sie aufgrund des geringen Kohlenhydratgehaltes sehr viel davon essen können und die Sättigung lange anhält.

Wer sich nach etwas Süßem sehnt, kann ab und zu etwas Obst zu sich nehmen. Dabei ist allerdings zu bedenken, dass Fruchtzucker enthalten ist. Deshalb sollte auch Obst nur in Maßen konsumiert und als natürliche Süßigkeit angesehen werden. Wer kann, sollte also gänzlich darauf verzichten. Wem das nicht möglich ist, der sollte am ehesten zu Beeren aller Art greifen, wenn er einen süßen Snack naschen möchte.

Obst solltest du als Süßigkeit der Natur sehen und nur in Maßen konsumieren. Am besten in eine ketogene Ernährung passen alle Arten von Beeren.

Wie kann ich Ketose erreichen?

Dass Sie eine grobe Ahnung davon bekommen, was auf Sie zukommt, wenn Sie sich dafür entscheiden, Ihren Arzt bezüglich der ketogenen Ernährung anzusprechen, und dieser Ihr Vorhaben unterstützt, kommt hier nun eine kurze Liste dazu.

So kann das Ganze aussehen
Die Nährstoffverteilung sieht bei einer ketogenen Ernährung wie folgt aus:
Es werden maximal 20 bis 50 g Kohlenhydrate zu sich genommen, während 65 – 75 % des Energiebedarfs von Fetten gedeckt werden und 20 – 30 % über Eiweiße den Weg in den Körper finden. Trinken Sie mindestens 2 Liter Wasser und/oder ungesüßten bzw. mit Ersatz gesüßten Tee am Tag. Zwischendurch kann es auch mal ein ketogener Kaffee oder auch Kokoswasser sein. Setzen Sie auf ungesättigte Fettsäuren in Form von gesunden und hochwertigen Pflanzenfetten und – ölen. Ersetzen Sie Zucker durch Ersatz, der keine oder nur sehr wenige Kohlenhydrate enthält (z.B. Erythrit oder Xylit).

— Führen Sie Ihrem Körper in Form von Fruchtgemüse, Blattsalaten, Nüssen, Sesam und Leinsamen wichtige Mineralien und mindestens 30 g Ballaststoffe am Tag zu.

Machen Sie wöchentlich insgesamt etwa 1 ½ – 2 Stunden Sport, in welcher Form auch immer. Wenn Sie das alles konsequent beachten, steht der Ketose in der Regel nichts mehr im Wege.

Was die Nahrungsmittel der „grünen Liste" Ihrem Körper bieten

Eingangs habe ich sie schon einmal aufgezählt, die Lebensmittel, die während einer ketogenen Ernährung geeignet sind. Hier möchte ich nochmal näher auf ihre Eigenschaften eingehen und Ihnen einen Richtwert geben, der aufzeigt, in welchem ungefähren Verhältnis Sie diese Lebensmittel am besten zu sich nehmen. Dabei orientieren wir uns an der empfohlenen Nährstoffverteilung.

Milchprodukte

Dass Milchprodukte Eiweiß liefern, muss ich Ihnen, glaube ich, nicht mehr erzählen. Jedoch können sie viel mehr als das.

Milch hat generell eine relativ hohe Nährstoffdichte, welche neben Eiweiß auch viel Kalzium (für Knochen und Zähne) und Vitamine enthält.

Das Milcheiweiß genießt einen hohen Stellenwert, weil es biologisch hochwertig, also reich an essentiellen Aminosäuren, und trotzdem günstig zu erwerben ist.

Genauso hoch im Kurs ist aber auch der Kalziumgehalt, denn Milch und Milchprodukte sind in dieser Hinsicht ganz vorne dabei. Die empfohlenen 1 g Kalzium pro Tag sind nur mithilfe von Milchprodukten zu realisieren. Ohne sie könnten wir diesen Wert kaum erreichen. Des weiteren sind auch noch Phosphor (unterstützt Kalzium bei seiner Arbeit, hilft bei Aufbau der Zellwände und dient als Puffersubstanz im Blut) und Kalium (sichert mit die Funktion von Herz, Muskeln und Nerven) enthalten.

Leider muss dazu gesagt werden, dass Sie auch bei herkömmlichen Milchprodukten sparsam sein sollten, da sie Laktose, also Milchzucker bzw. Kohlenhydrate, enthalten.

Im Detail können Sie folgende Milchprodukte (neben Milch an sich natürlich) während einer ketogenen Ernährung genießen:

- Butter (nicht fettreduziert/gestreckt)
- Ghee
- Feta (Vollfett)
- Frischkäse (Doppelrahmstufe)
- Quark (Vollfett)
- Joghurt (Vollfett)
- fettige Käsesorten

- Hartkäse, wie z.B. Parmesan
- Ziegenkäse – und Produkte

Tofu bzw. Sojaprodukte

Später wird Soja noch beim Gemüse und den Hülsenfrüchten aufgezählt.

Diese Lebensmittel werden aus Sojabohnen hergestellt, welche reich an mehrfach ungesättigten Fettsäuren sind und zudem viele Ballaststoffe, viel Eiweiß, das Vitamin Folsäure (wichtig für alle Prozesse von Wachstum und Entwicklung), Selen (Eiweißstoffe brauchen es für die Erfüllung ihrer Aufgaben, es ist wichtig für die Haut und deren Fortsätze, die Potenz, das Immunsystem und die Schilddrüse) und Kalzium enthalten. Ebenso finden sich in Soja auch Eisen (wichtig für Sauerstofftransport, Blut, Muskeln und Leber), Zink (wichtig für Immunsystem, Haut, Wachstum, Potenz, Eiweißsynthese und Insulinspeicherung), Mangan (für die Bildung von wichtigen Enzymen) und Magnesium (wichtig für die Muskelarbeit).

Zwar sind auch gesättigte Fettsäuren vorhanden, jedoch nur wenige, weshalb die Zusammensetzung der Fettsäuren in Soja am Ende doch passt.

Im Detail können Sie (neben Sojasprossen – und bohnen an sich natürlich) folgende Sojaprodukte genießen:

- Tofu
- Tempeh
- Ungesüßter Sojajoghurt
- Sojasahne
- Ungesüßte Sojamilch

Südwestlichen Omelette

Zutaten:

6 leicht geschlagenen Eiern
½ Tasse gehackte Zwiebeln
1 reife Avocado dünne Scheiben geschnitten
1 gehackte Jalapenopfeffer
1 gehackte Tomate
1 EL Olivenöl
½ Tasse geschreddert Cheddar-Käse (geteilt)
¼ El Salz
¼ El Pfeffer

Anfahrt:

(1) in einer Antihaft-Pfanne, anbraten die Jalapeno-Paprika und Zwiebeln in Olivenöl dünsten. Aus der Pfanne nehmen und beiseite stellen. Unter Verwendung der gleichen Antihaft-Pfanne, gießen, den Eiern, Deckel und kochen bei Hitze für ca. 3 bis 5 Minuten niedriger.
(2) bestreuen Sie die Eizellen mit der Zwiebel-Gemisch, Avocado, Tomaten und ¼ Tasse Cheddar-Käse. Mit Salz und Pfeffer würzen.
3. Falten Sie die Omelette in der Mitte. Decken und kochen für weitere 3 bis 5 Minuten, oder bis die Eiern komplett eingestellt sind. Mit der restlichen Cheddar-Käse bestreuen und vom Herd nehmen. Übertragen Sie auf einen warmen Teller servieren.

Rindersteak aus dem Ofen

Zutaten:

350g Rind Steak frisch

1 Zwiebel

1/2 Knoblauchzehe

Öl

Steakgewürz

Salz, Pfeffer

Steak auf Zimmertemperatur erwärmen lassen. Backofen auf 120 Grad vorheizen.

Das Steak von beiden Seiten mit Öl bestreichen. Eine Pfanne stark erhitzen und das Steak für eine Minute von beiden Seiten goldbraun anbraten. Danach mit dem Steakgewürz oder dem Salz und Pfeffer würzen und in den Ofen legen.

Im Ofen für 4 – 5 Minuten weiterbacken. Währenddessen die Zwiebeln und die Knoblauchzehe in der erhitzten Pfanne mit Öl anbraten und anschließend mit dem Steak servieren.

Mittwoch - Frühstück

Zutaten für Keto Frittata mit frischem Spinat
40 g gewürfelte Speck oder Chorizo
½ EL Butter, zum Braten
50 g frischer Spinat
2 Eier
60 ml Schlagsahne
35 g geriebener Käse
Prise Salz und Pfeffer

Zubereitung

1. Den Ofen auf 175 ° C vorheizen.
2. Den Speck in Butter bei mittlerer Hitze anbraten bis er knusprig ist. Den Spinat hinzugeben und umrühren, bis er verwelkt ist. Die Pfanne vom Herd nehmen und beiseite stellen.
3. Eier und Sahne verquirlen und in eine gefettete Auflaufform oder in einzelne Ramekins geben.
4. Den Speck, den Spinat und den Käse darauf geben und in die Mitte des Ofens stellen und für 25-30 Minuten backen lassen.

Übersicht pro Portion
Netto Kohlenhydrate: 2% (4 g)
Faser: 1 g
Fett: 81% (59 g)
Protein: 16% (27 g)
kcal: 661

Griechischer Salat mit Feta

Zubereitungszeit: 15 Minuten

2 Portionen

Zutaten:

200g Eisbergsalat

1 weiße Zwiebel

150g Oliven

200g Salatgurke

200g Tomaten

75g Fetakäse

50ml Olivenöl

Salz und schwarzer Pfeffer

Optional: Pinienkerne, Peperoni, Paprika

Zubereitung:

1. Eisbergsalat waschen, trocknen, zerkleinern und in eine große Salatschüssel geben.
2. Zwiebel, Tomaten und Gurke klein schneiden, Oliven halbieren und alles dazu geben.

3. Feta abtropfen lassen und in kleine Würfel schneiden. Auf den Salat geben.
4. Dressing mit Olivenöl, Salz, Pfeffer und optional Pinienkernen anrühren und über den Salat geben.

Nährwertangaben pro Portion:
630 kcal/6g Kohlenhydrate/50g Fett/34g Protein

Spargelsuppe mit Lachsfilet

Zutaten für 4 Portionen:

- 600 g weißer Spargel
- 1 Liter Hühnerbrühe
- 200 g Lachsfilet
- 2 EL Öl
- 100 ml Sahne
- Salz
- Pfeffer
- Muskat
- etwas Zitronensaft
- 2 Frühlingszwiebeln

Zubereitung:

1. Spargel waschen, schälen, die Enden abschneiden und die Spargelstangen in 3 cm lange Stücke schneiden.
2. Spitzen beiseitelegen.
3. Spargelstücke in der Hühnerbrühe bissfest garen.
4. Lachsfilet waschen, trocken tupfen und in Streifen schneiden.
5. Im heißen Öl braten, herausnehmen und auf Küchenpapier abtropfen lassen.
6. Die Spargelstücke in der Brühe pürieren und mit der Sahne verfeinern.
7. Mit Salz, Pfeffer und Muskat würzen.

8. Spargelspitzen 5 Minuten in der Suppe ziehen lassen.
9. Alles mit Zitronensaft abschmecken.
10. Lachsstücke in die Suppe geben, Frühlingszwiebeln über die Suppe streuen und sofort servieren.

Brotloses BLT Sandwich

Diese Speise stellt ein sättigendes brotloses Sandwich dar, welches deine Geschmacksknospen auf jeden Fall zufrieden stellen wird. Der besondere Geschmack und die Schärfe der Sauce und der Gewürze wird mit diesem Gericht auf jeden Fall dein Herz erwärmen.

Vorbereitungszeit: 10 Minuten

Kochzeit: 30 Minuten

Portionen: 2

Zutaten:

- 3 Eier, vorzugsweise organisch und groß
- ½ Teelöffel Knoblauchpulver
- 85 g Frischkäse
- ¼ Teelöffel Meeressalz
- 1/8 Teelöffel Weinstein
  <u>Für die Füllung:</u>
- 1 Esslöffel Mayonnaise
- 85 g Hühnchen
- 2 Cocktail Tomaten, halbiert
- 1 Teelöffel Sriracha
- 2 Schinkenstreifen
- ¼ von 1 Avocado, mittlere Größe und leicht gematscht
- 2 Pepper Jack Käsescheiben

Zubereitungsmethode:

1) Erhitze zuerst den Ofen auf 180 Grad Celsius.
2) Nimm danach zwei mittelgroße Schüssel. Teile Eiweiß und Eigelb jeweils in eine Schüssel.
3) Verrühre danach Salz und Weinstein in das Eiweiß und schlage diese mit Hilfe eines Schneebesens auf, bis eine schaumige und weiche Masse entsteht.
4) Rühre nun den Frischkäse in das Eigelb ein, bis sich diese gut miteinander verbunden haben.
5) Hebe nun die Eiweißmischung unter die Frischkäse-Mischung bis sich beides gut vermischt hat.
6) Sobald eine Mischung entstanden ist, schöpfe etwa eine ¼ Tasse der Mischung ab und trage diese auf ein Backbleck auf, welche mit Backpapier ausgekleidet ist und drücke diese leicht zusammen, so dass eine rechteckige Form entsteht. Füge Knoblauchpulver darauf hinzu und backe es für 22 bis 23 Minuten.
7) Erhitze in der Zwischenzeit eine beschichtete Pfanne auf mittlere Hitze und füge Öl hinzu, sobald diese warm ist.
8) Füge danach Hühnchen und Schinken mit etwas Salz und Pfeffer hinzu und koche dieses, bis es durch ist.
9) Entnehme das Keto Brot aus dem Ofen und lasse es abkühlen.
10) Trage Sriracha und die Mayonnaise zusammen auf eine Seite des Keto Brotes auf.
11) Platziere zuletzt die Hühnchen-Mischung auf die Mayonnaise. Belege es mit Käsescheiben, Tomaten und kleingemachter Avocado.

12) Bedecke es mit dem zweiten Keto Brot und platziere es auf einen Teller.
13) Genieße es heiß zusammen mit den Gewürzen deiner Wahl.

Tipp: Stelle sicher, dass das Eiweiß ordentlich und langsam aufgeschlagen wird, da es die Konsistenz des Brotes beeinflusst.

Nährwertangaben:
- Kalorien – 361 kcal
- Fett – 28,3gm
- Kohlenhydrate – 2g
- Eiweiß – 22gm

Spiegelei mit Speck

Schwierigkeitsgrad: einfach

Zubereitungszeit: 10 Minuten

Zutaten: für 4 Portionen

Zutaten

- 4 Eier
- 6-8 Scheiben Schinkenspeck
- Butter
- frische Kräuter (Petersilie, Schnittlauch o. ä.)
- Radieschen
- Salz & Pfeffer

Zubereitung

Butter in einer geeigneten Pfanne erhitzen.
Die Eier aufschlagen und vorsichtig in die Pfanne gleiten lassen.
Nach belieben Pfeffer & Salz hinzufügen.
Eier herausheben und dann kurz den Schinkenspeck in der Pfanne braten.

Eier und Speck auf einem Teller verteilen & mit Radieschenscheiben und Kräutern garnieren.

Low-Carb Hühnchensalat

Zutaten für das Dressing:
- ¼ Teelöffel Salz
- 3 Teelöffel frischen Zitronensaft
- 3 oz. Mayonnaise
- 1 Eigelb
- 3 Teelöffel Butter

Zutaten für den Salat:
- 3 oz. Münsterkäse (gerieben)
- 1 kleine Tomate (in Streifen geschnitten)
- 4 Scheiben Speck
- 3 Teelöffel Butter
- 3 Teelöffel Salatgewürze
- 1 Hühnchenbrust (gekocht)

Zubereitung:

- Füge alle Zutaten zusammen und vermische sie gut.

Gebackene Kräuter-Lachs

Zutaten:

2 Pfund Lachsfilet
4 Unzen Sesamöl
½ Tasse Sojasauce (Tamari wählen)
1 TL Knoblauch (gehackt)
½ TL Ingwer (Boden)
½ Teelöffel Basilikum
1 Teelöffel oregano
¼ Teelöffel Thymian
½ Teelöffel Rosmarin
¼ Teelöffel Estragon
4 Unzen Butter
½ Tasse frische Pilze (gehackt)
½ Tasse grüne Zwiebeln (gehackt)

Anfahrt:

1. Wenn Sie kaufte ein großes Lachsfilet, schneiden Sie es zur Hälfte über ½ Pfund jedes. Legen Sie in einem wiederverschließbaren Beutel.
2. Mischen Sie Sesamöl, Tamari und den Gewürzen. Gießen Sie die Mischung in der wiederverschließbaren Tasche mit dem Lachs.
3. im Kühlschrank für ca. 1-4 Stunden.
4. Heizen Sie Ihren Backofen für 350 Grad. Linie eine große Größe Backblech mit Alufolie.

5. Füllen Sie den Inhalt des Beutels in die ausgekleidete Pfanne. Ordnen Sie die Fische um einen Layer zu machen.

6. Backen Fisch für über 10-15 schaltet.

7. in der Zwischenzeit bereiten Sie das Gemüse. Butter schmelzen und Gemüse hinzufügen. Stellen Sie sicher, sie gleichmäßig zu beschichten.

8. nehmen Sie das Lachsfilet aus dem Ofen. Gießen Sie das Gemüse mit Butter auf den Lachs. Stellen Sie sicher, dass sie gleichmäßig den Lachs bedecken.

9. wieder für weitere 10 Minuten backen. Heiß servieren und genießen!

Freitag – Abendessen

Zutaten für Keto Tortilla mit Hackfleisch und Salsa
Rinderhack
110 g Rinderhack
½ EL Olivenöl
½ EL Tex-Mex-Gewürz
60 ml Wasser
Prise Salz und Pfeffer
Salsa
½ Avocado
¼ Tomate, gewürfelt
30 ml frischer Koriander, gehackt
¼ EL Olivenöl
¼ Saft aus einer Limette
Prise Salz und Pfeffer
Low-Carb-Tortillas
1 Ei
35 g Frischkäse
2 g gemahlenes Flohsamenschalenpulver
2 g Kokosnuss Mehl
Prise Salz
Zum Servieren
100 ml geriebener mexikanischer Käse
Einige Salatblätter

Zubereitung

1. Den Ofen auf 200 ° C vorheizen.
2. Eier schaumig schlagen und mit einem Handrührgerät weiterrühren, vorzugsweise einige

Minuten. Frischkäse dazu geben und weiterwischen, bis der Teig glatt ist.
3. Mischen Sie Salz, Flohsamenschalen und Kokosmehl in einer kleinen Schüssel. Fügen Sie die Mehlmischung in den Teig hinzu und fahren Sie fort, weiter alles gut verrühren. Lassen Sie den Teig für ein paar Minuten stehen oder bis der Teig Konsistenz wie ein Pfannkuchen Teig hat.
4. Auf ein Backbleche Pergamentpapier auslegen und den Teig dünn auftragen (dicke ca. 0,6 cm) Auf dem oberen Ebene etwa 5 Minuten oder länger backen lassen, bis die Tortilla an den Rändern ein wenig braun wird. Überprüfen Sie die Unterseite sorgfältig, damit sie nicht anbrennt.

Füllung

1. Das Hackfleisch eine Weile vor dem Braten aus dem Kühlschrank nehmen. Tipp: Kaltes Rinderhack wird die Bratpfanne abkühlen und das Hackfleisch wird gekocht und nicht gebraten.
2. Stellen Sie eine große Bratpfanne auf mittlerer Hitze und erhitzen Sie etwas Öl. Fügen Sie das Rinderhack hinzu und braten Sie es, bis es durchgegart ist.
3. Fügen Sie die tex-mex Gewürze und Wasser hinzu und rühren Sie es um. Etwas köcheln lassen, bis das meiste Wasser verschwunden ist. Abschmecken ob es zusätzliche Würze braucht.
4. In der Zwischenzeit die Salsa zubereiten aus gewürfelten Avocado, gewürfelten Tomaten, frisch

gepresstem Limettensaft, Olivenöl und ein paar Handvoll frischem Koriander. Mit Salz und Pfeffer abschmecken.
5. Mit einem Tortilla-Brot, geriebenem Käse und klein geschnitten Blattsalat Blattsalat servieren.

Übersicht pro Portion
Netto-Kohlenhydrate: 4% (9 g)
Faser: 11 g
Fett: 75% (66 g)
Protein: 21% (42 g)
kcal: 821

Garnelen-Ingwer-Suppe

Zubereitungszeit: 40 Minuten

2 Portionen

Zutaten:

400 ml Gemüsebrühe

100 ml Kokosmilch

2 Möhren

½ Ingwer

1 Knoblauchzehe

1 rote Zwiebel

1 Pckg. Garnelen

1 EL Olivenöl

Salz und Pfeffer nach Belieben

Zubereitung:

1. Das Gemüse waschen, bei Bedarf schälen und fein schneiden.

2. Das Olivenöl in einem Topf erhitzen und darin die rote Zwiebel, den Ingwer und den Knoblauch anbraten.
3. Die Gemüsebrühe und die Möhren dazugeben und für 10 Minuten köcheln lassen.
4. Danach mit dem Stabmixer vorsichtig pürieren.
5. Die Garnelen aus der Packung abspülen und zusammen mit der Kokosmilch in die Suppe geben
6. Mit Salz und Pfeffer würzen und für weitere 5 Minuten köcheln lassen. Danach servieren.

Nährwertangaben pro Portion:
214kcal/9g Kohlenhydrate/11g Fett/19g Eiweiß

Artischocken mit Oliven-Kräuter-Dip

Zutaten für 4 Portionen:

- 4 große frische Artischocken
- Salz
- Saft von 1 Zitrone
- 200 g Joghurt
- 100 g Creme legere
- 100 ml Sahne
- 3 grüne Peperoni aus dem Glas
- 5 schwarze Oliven ohne Stein
- 1 Bund gemischte Frühlingskräuter
- 1 Knoblauchzehe
- 1 TL Senf
- Pfeffer

Zubereitung:

1. Artischocken waschen, Stiele entfernen und die Blattspitzen mit einer Schere abschneiden.
2. In reichlich kochendem Salzwasser mit dem Zitronensaft etwa 25 Minuten garen.
3. Inzwischen den Joghurt mit der Creme légere und der Sahne verrühren.
4. Die Peperoni abtropfen lassen und klein schneiden und die Oliven hacken.

5. Kräuter waschen, trockenschütteln und die Blättchen hacken.
6. Alles zur Joghurt-Mischung geben.
7. Den Senf unterrühren und den Dip mit Salz und Pfeffer abschmecken.
8. Artischocken abtropfen lassen.
9. Die Blätter abzupfen und den fleischigen Teil in den Dip tunken.

Hühnchen Suppe mit Curry und Kürbis

Zutaten:

- 2 Esslöffel Kokosnussöl

- 2 Esslöffel Tomatenpaste

- 2 Esslöffel Currypulver

- 1 Esslöffel frischer geriebener Ingwer

- 2 Esslöffel Rotweinessig

- 2 Teelöffel Worcestershiresoße

- 1 Esslöffel gemahlenen Thymian

- ½ Pfund Süßkartoffeln (geschält und in lange Scheiben geschnitten)

- ½ Pfund Butternusskürbis (geschält und in lange Scheiben geschnitten)

- 4 Tassen Hühnerbrühe

- Gekochtes Hühnchenfleisch

- 1 Dose Kokosnussmilch

- 1/3 Tasse Mandelbutter

- ½ Tasse grob gehackten Koriander

- ½ Tasse fein gehackte geröstete Mandeln zur Verzierung

Zubereitung:

- Erhitze in einem großen Topf die Kokosnussmilch und gebe die Süßkartoffeln und den Kürbis hinzu.

- Koche beides für ca. 7 Minuten.

- Rühre ab und zu um damit sie nicht am Boden kleben bleiben.

- Gebe in einen Topf die Tomatenpaste, das Currypulver, den Ingwer, die Worcestershiresoße und den Thymian.

- Gebe die Hühnerbrühe, das Fleisch, die Kokosnussmilch und die Mandelbutter hinzu und lass alles für 20 Minuten köcheln.

- Füge den Rotweinessig und den Koriander hinzu und lass alles für 2 Minuten kochen.

- Schmecke mit Salz und Essig ab.

- Verziere die Suppe mit den gerösteten Mandeln.

Geröstete Paprika-Nudelsalat

Zutaten:

1 Packung (12 Unzen) Tricolor Spiral-Nudeln

1 Glas geröstete Paprika (7 Unzen)

1 Tasse geschnittene Frühlingszwiebeln

4 Unzen zerbröckelte Feta-Käse

Dressing

1 Umschlag fettfreie italienischer Salat-dressing

3 EL Balsamico-Essig

½ Tasse Hühnerbrühe

Anfahrt:

1. vorbereiten und die Trikolore Spiral Nudeln durch Anschluss an das Paket Richtungen:. Einmal die Trikolore Spiral-Nudeln gekocht ist, abtropfen lassen und in kaltem Wasser abspülen. Lassen Sie auf der anderen Seite die gerösteten Paprika. Scheiben Sie schneiden.

2. in einer großen Salatschüssel kombinieren Sie Tricolor Spiral Nudeln, Paprika, Frühlingszwiebeln und Schafskäse.

(3) in eine kleine Schüssel Schneebesen Sie die italienische Salat-Dressing, Balsamico-Essig und

Hühnerbrühe. Die Pasta-Gemüse-Mischung übergießen Sie Nudeln Salatdressing. Zusammen werfen Sie, bis alles gut bedeckt ist. Im Kühlschrank vor dem servieren.

Montag – Mittagessen

Zutaten für Keto Thunfischsalat mit gekochtem Ei

110 g Staudensellerie

2 Frühlingszwiebeln

150 g Thunfisch in Olivenöl

175 ml Mayonnaise

½ Zitrone, Schale und Saft wird benötigt

1 TL Dijon-Senf

4 Eier (hart gekocht)

225 g Römersalat

110 g Kirschtomaten

2 EL Olivenöl

Prise Salz und Pfeffer

Zubereitung

1. Sellerie und Schalotten fein hacken. Zu einer mittelgroßen Schüssel mit Thunfisch, Zitrone, Mayonnaise und Senf geben. Umrühren und mit Salz und Pfeffer abschmecken. Für später beiseitelegen.
2. Die Eier halbieren, die Tomaten ebenfalls halbieren
3. Den Teller dekorieren mit den Salatblättern, Eierhälften und den Tomatenhälften. Danach die

Thunfischmischung dazugeben und etwas Olivenöl über den Salat geben mit den etwas Salz und Pfeffer würzen.

Übersicht pro Portion
Netto Kohlenhydrate: 2% (6 g)
Faser: 5 g
Fett: 84% (91 g)
Protein: 14% (33 g)
kcal: 992

Vanillepancakes

Zubereitungszeit: 15 Minuten
2 Portionen
3 Eier
125ml Buttermilch
1 Esslöffel Vanille Proteinpulver
100g Kokosmehl
1 Teelöffel Backpulver
1 Prise Zimt
1 Päckchen Stevia oder ein paar Schüsse Agavendicksaft
Butter oder Öl

Zubereitung:

1. Das getrennte Eiweiß zum Eiklar schlagen
2. Die Pfanne mit Öl auf mittlerer bis niedriger Temperatur erhitzen
3. alle Zutaten bis auf das Eiklar vermengen
4. Wenn alle Zutaten gut vermischt sind, rühren Sie das Eiklar mit einem Schneebesen unter
5. Wenn die Pfanne heiß genug ist kann mit einer Kelle ein Klecks in die Pfanne gegeben werden
6. Die Pancakes wenden bis sie goldbraun sind

Nährwerte pro Portion:
422 kcal/19g Fett/13g Kohlenhydrate/37g Eiweiß.

Leipziger Allerlei mit Spargel und Zuckerschoten

Zutaten für 4 Portionen:

- 400 g weißer Spargel
- 200 g grüne Bohnen
- 200 g Möhren
- 350 g Blumenkohl
- 100 g Zuckerschoten
- Salz
- 100 g Champignons
- 100 g Pfifferlinge
- 6 EL Butter
- 3 EL Mehl
- Pfeffer
- 2 Eigelb
- 100 ml Sahne
- Worcestersauce
- 2 EL frisch gehackter Kerbel

Zubereitung:

1. Spargel waschen, schälen, die Enden abschneiden und die Stangen in Stücke schneiden.
2. Bohnen waschen, abtropfen lassen, putzen und klein schneiden.

3. Möhren schälen, putzen und in Scheiben schneiden.
4. Blumenkohl waschen, trocknen und in Röschen teilen.
5. Zuckerschoten waschen und putzen.
6. Gemüse getrennt in kochendem Salzwasser bissfest blanchieren.
7. Abgießen, Kochwasser auffangen und das Gemüse eiskalt abschrecken.
8. Champignons und Pfifferlinge putzen, feucht abreiben und in Scheiben schneiden.
9. Die Hälfte der Butter in einer Pfanne zerlassen und die Pilze darin andünsten.
10. Herausnehmen und die restliche Butter darin schmelzen.
11. Mit dem Mehl eine Mehlschwitze herstellen, mit der aufgefangenen Gemüsebrühe ablöschen und cremig einkochen.
12. Mit Salz und Pfeffer würzen.
13. Gemüse und Pilze in die Sauce geben.
14. Eigelb in der Sahne verrühren, in die Sauce rühren und mit Worcestersauce abschmecken.
15. Mit frisch gehacktem Kerbel bestreut servieren.

Kokosnuss-Kakao-Pralinen

Du wirst von dem Geschmack begeistert sein, den diese Kokosnuss-Pralinen haben! Sie sind so einfach zu machen, schmecken großartig und sind am besten dafür geeignet, deinen abendlichen Heißhunger zu stillen!

Vorbereitungszeit: 5 Minuten

Kochzeit: Über 1 Stunde mit Abkühlen

Portionen: 18 Pralinen

Zutaten:

1 Tasse Pures Kokosnussöl, kaltgepresst und weich
1 Teelöffel Vanille-Extrakt
1 bis 2 Esslöffel Swerve
½ Teelöffel Keltisches Meeressalz
2 bis 4 Esslöffel Kakaopulver, ungesüßt und organisch
2 Esslöffel Mandelbutter

Zubereitungsmethode:

1) Beginn damit, das pure Kokosnussöl, Kakaopulver, Salz, Vanilleextrakt, Mandelbutter und Swerve in einer Küchenmaschine zu verarbeiten, bis eine gleichmäßige Flüssigkeit entsteht.
2) Verteile nun die Kokosnussöl-Mischung auf einem Backblech mit Backpapier.

3) Stelle dies nun in den Kühlschrank, damit die Masse hart werden kann. Bewahre diese danach in einem trockenen Behälter auf.

Tipp: Anstatt Mandelbutter ist es auch möglich, eine andere Nussbutter zu verwenden. Ähnlich kannst du ungesüßte, getrocknete Kokosnuss auf diesen Pralinen verteilen.

Nährwertangaben:
- ☐ Kalorien – 210 kcal
- ☐ Fett – 22gm
- ☐ Kohlenhydrate – 1,24gm
- ☐ Ballaststoffe– 1gm

Garnelen, Kartoffeln und Maissuppe

Zutaten:

1 Zwiebel, gehackt

1 Paprika, gehackt

2 Karotten, klein gehackt

2 Kartoffeln, gehackt

2 16-oz-Taschen von gefrorenen Mais

4 Tassen Hühnerbrühe

1-Pfund-Garnelen, gereinigt und geschält

½ Tasse Sahne

1 Tasse Wasser

2 EL getrocknete Petersilie

1 Lorbeerblatt, Salz und Pfeffer Wasser und Huhn Brühe.

Zubereitung:

Rühren Sie, um zu kombinieren. Decken Sie den Topftopf und Kochen auf Low für 6 Stunden.

Mit einem Stabmixer, pürieren Sie, für 3-4 Minuten, klobige zu verlassen.

Die Garnelen und kochen für weitere 10 Minuten unterrühren.

Wenn Garnelen gekocht sind, einrühren, Sahne und Salz und Pfeffer abschmecken.

Bestreuen Sie mit Petersilie und servieren.

Donnerstag – Abendessen

Zutaten für Keto Käse-Frikadellen
Frikadelle
350 g Hackfleisch
100 g geschredderter Käse
1 Teelöffel Knoblauchpulver
1 Teelöffel Zwiebelpulver
1 Teelöffel Paprikapulver
1 EL frischer Oregano, fein gehackt
30 g Butter zum Braten
Salsa
1 Tomate
1 Lauchzwiebel
½ Avocado
½ EL Olivenöl
Prise Salz-
frischer Koriander, nach Geschmack
Toppings
100 ml Mayonnaise
75 g gekochter Speck
2 EL Dijon-Senf
60 ml geschnittene Dillgurken
75 g Salat
30 ml eingelegte Jalapeños
Zubereitung

1. Die Salsa Zutaten zerkleinern und in einer kleinen Schüssel verrühren. Beiseite legen.

2. Gewürz und den halben Käse in das Rinderhackfleisch einrühren.
3. Aus dem Gemisch die Frikadellen formen und anbraten in einer Pfanne oder auf dem Grill, je nachdem was Sie bevorzugen. Legen Sie den restlichen Käse oben drauf gegen Ende.
4. Die Frikadellen auf die Salatblätter legen und oben drauf mit Dillgurken und Senf dekorieren. Und zu Letzt noch die hausgemachte Salsa oben drauf geben.

Übersicht pro Portion
Netto Kohlenhydrate: 3% (8 g)
Faser: 6 g
Fett: 79% (104 g)
Protein: 18% (54 g)
kcal: 1204

Ketogenes Sushi

Zubereitungszeit: 25 Minuten

Für ca. 5 Rollen

Zutaten:

ca. 450 g Blumenkohl

200 g Frischkäse

1 EL Reisessig

1 EL Sojasoße

3 Nori-Blätter (Algenblätter für das Sushi, erhältlich in großen Supermärkten und Asia-Läden)

½ Gurke

½ Avocado-Hälften

150 g Räucherlachs (optional Thunfisch oder Meeresfrüchte)

Zubehör: Eine Bambusmatte für das Rollen des Sushis. Falls keine zur Hand ist, geht es mit etwas Übung auch ohne.

Zubereitung:

1. Den Blumenkohl zerkleinern (wenn möglich, eine Küchenmaschine nutzen), da dieser später als Reis-Ersatz genutzt wird. Waschen und in einer Pfanne anbraten. Etwas Sojasoße dazugeben.
2. Anschließend aus der Pfanne nehmen und abkühlen lassen. Danach den Frischkäse und den Reisessig unter den Reis-Ersatz rühren. Im Kühlschrank komplett abkühlen lassen.
3. Nun die Gurke und die Avocado in Streifen schneiden.
4. Das Nori-Blatt mit der rauen Seite nach oben auf die Bambusmatte legen und mit der Frischkäse-Reis-Mischung belegen. Am oberen Rand etwa 2-3cm Platz lassen, damit sich die Rolle später gut schließen lässt. Den Lachs in feine Streifen schneiden und zusammen mit Gurke und/oder Avocado in die Rolle legen (im unteren Teil des Blattes).
5. Die Rolle nun fest zusammenrollen und verschließen. Dazu passt Wasabi- oder Sojasoßendip.

Nährwertangaben pro Sushi-Rolle:
114kcal/4g Kohlenhydrate/10g Fett/8g Protein

Lachs mit Ofengemüse und Feta

Zutaten für 4 Portionen:

- 500 g Lachsfilet
- 2 Zucchini
- 2 gelbe Paprika
- 40 Kirschtomaten
- 200 g Champignons
- 2 Knoblauchzehe
- 8 EL Olivenöl
- 2 Zweige Thymian
- 2 EL Paprikapulver
- 2 rote Zwiebel
- 200 g Feta
- Salz
- Pfeffer

Zubereitung:

1. Ofen auf 180 °C vorheizen.
2. Ein Backblech mit Alufolie auslegen.
3. Champignons putzen.
4. Pilze und Zucchini in dünne Scheiben schneiden.
5. Die Paprika entkernen und in Streifen schneiden.
6. Die Tomaten halbieren.
7. Den Knoblauch schälen und hacken.

8. Knoblauch und Gemüse mit Olivenöl und Paprikapulver vermengen.
9. Alles mit Pfeffer und Salz würzen.
10. Lachs ebenfalls mit Salz und Pfeffer würzen.
11. Den Feta über dem Gemüse verteilen.
12. Zusammen mit dem Lachs im heißen Ofen ca. 30 Minuten backen.

Flauschige Pfannkuchen

Zutaten:

1 ½ Tassen Allzweckmehl

3 ½ Teelöffel Backpulver

1 großes Ei, geschlagen

1 Esslöffel Zucker

1 ¼ Tassen Milch, 2 %

3 Esslöffel Butter

3/4 Teelöffel Salz

1 TL Vanille Extrakt

Anfahrt:

1. Backofen Sie auf 350 Grad F.

2. in einer Schüssel mischen Sie Mehl, Backpulver, Ei, Zucker, Milch, Butter, Salz und Vanille zusammen.

(3) Löffel aus einer Pfanne ¼ Tasse Mischung pro Kuchen.

4. Kochen Sie 1-2 Minuten oder bis die bubble-Kanten.

(5) drehen Sie und lassen Sie ca. 1-2 Minuten kochen, mehr

6. es ist servierfertig.

Zucchinisalat mit Cashewkernen

Zutaten für 4 Portionen:
- ☐ 4 Zucchini (ca. 800 g)
- ☐ Salz
- ☐ Pfeffer
- ☐ 10 EL Olivenöl
- ☐ 4 Tomaten
- ☐ 2 Frühlingszwiebeln
- ☐ 1 Bund Thymian
- ☐ 100 g Cashewkerne
- ☐ 1 Kopf Radicchio
- ☐ 4 EL Balsamico Essig

Zubereitung:

1. Zucchini waschen, trocknen, putzen und in Scheiben schneiden.
2. In 3 EL Öl kurz anbraten.
3. Dann aus der Pfanne nehmen und auf Küchenkrepp abtropfen lassen.
4. Tomaten waschen, von den Stielansätzen befreien, mit kochendem Wasser überbrühen, häuten, entkernen und das Fruchtfleisch würfeln.
5. Frühlingszwiebeln waschen, trocknen, putzen und in Ringe schneiden.
6. Thymian waschen, trocknen, die Blättchen abzupfen, einige Blättchen beiseitelegen, den Rest hacken.
7. Cashewkerne in einer Pfanne ohne Fett rösten.

8. Radicchio waschen, putzen, trockenschleudern und die Blätter auf Teller verteilen.
9. Zucchinischeiben und Tomatenwürfel mit den Frühlingszwiebeln darauflegen.
10. Aus Thymian, restlichem Olivenöl, Balsamico, Salz und Pfeffer ein Dressing zubereiten und über den Salat geben.
11. Cashewkerne darüber streuen.
12. Mit den beiseitegelegten Thymianblättchen garniert servieren.

Haselnussaufstrich

Zutaten:

100 g Haselnüsse
150 ml Mandelmilch ungesüßt
3 TLBackkakao
2 EL Schokoladen - Proteinpulver

Zubereitung:

1. Pfanne auf dem Herd erwärmen.
2. Nüsse in die heiße Pfanne geben.
3. Wenn diese leicht bräunlich werden und intensiv duften.
4. Nüsse aus der Pfanne nehmen und kurz abkühlen lassen.
5. Mixer bereitstellen.
6. Nüsse in den Mixer geben und zerkleinern.
7. Mandelmilch, Kakao und Proteinpulver zugeben.
8. Alles gut zerkleinern und vermischen.

9. In ein verschließbares Glas füllen.

7-Wrap mit Spinat und Feta

Zutaten

10 Eier
6 Eiklar
2 TL Sesamöl
Kokosöl oder Ghee für die Pfanne
1 TL Salz
4 Tassen frischen Spinat
1 Tasse Feta, gewürfelt
8 Basilikum Blätter, fein gehackt
6 getrocknete Tomaten, gehackt

Zubereitung

Arbeitszeit: ca. 30 Min

1-Eier, Eiklar, Salz und Sesamöl in einen großen Rührbecher geben und mit einem Schneebesen umrühren, bis sich alles mit einander vermischt hat.
2-Pfanne mit etwas Kokosöl oder Schmalz erwärmen und die Hälfte der Eiermischung in die Pfanne geben. Dann die Hitze auf mittlere Stufe reduzieren.
3-Den fertigen Wrap aus der Pfanne nehmen und auf etwas Küchenpapier abkühlen lassen.
4-Vorgang mit der restlichen Mischung wiederholen.

5-Den frischen Spinat in die Pfanne geben, ebenfalls bei mittlerer Hitze.
6-Den Spinat für etwa eine Minute in der Pfanne erhitzen
7-Feta, getrocknete Tomaten und Basilikum separat vermischen und etwas Öl hinzugeben.
8-Den Spinat, Feta, getrocknete Tomaten und Basilikum in die Mitte vom dem Wrap geben und danach den Wrap vorsichtig aufrollen.

Frühstücks-Joghurt

Zubereitungszeit: 15 Minuten

Zutaten für 1 Portion

- 15 g Macadamianüsse
- 15 g Pekannüsse
- 120 g griechischer Joghurt
- 120 ml Kokosnussmilch
- 1 TL Flohsamenschalen
- 3 Tropfen Flav Drops Peanut Butter

Zubereitung

1. Die Nüsse in einer Plastiktüte mit einem Fleischhammer zerkleinern.
2. Den Joghurt in eine Schale füllen und nacheinander Kokosmilch, Flohsamen, Nüsse und Flav Drops darauf geben. Dann gut verrühren und genießen.

Ketogene Garnelen auf pikanter Ratatouille

Zutaten für zwei Personen

0,5 Paprika

1 kleine Zucchini

1 Knoblauchzehe

1 kleine rote Zwiebel

2 Tomaten

3 EL Olivenöl

50 ml Sherry

Sojasoße

Chiliflocken

Salz

Pfeffer

8 küchenfertige Garnelen (ohne Kopf, entdarmt, ca. 300 g)

Zubereitung

Zunächst wascht und putzt du Paprika und Zucchini und schneidest beides in feine Würfel. Folgend schälst du Knoblauch und Zwiebel und schneidest diese ebenfalls fein. Schließlich halbierst du noch die Tomaten.

Jetzt bratest du das Gemüse, den Knoblauch und die Zwiebel in 1 EL Öl an. Die Tomaten legst du mit der Schnittfläche nach unten in die Pfanne und bratest sie ebenso an. Das Gemüse löscht du mit 50 ml Wasser und Sherry ab und würzt es folglich mit Chiliflocken und Sojasoße. Dies lässt du dann 5 Minuten zugedeckt dünsten.

Jetzt nimmst du das Gemüse aus der Pfanne, hältst es aber warm. Das restliche ÖL erhitzt du in der Pfanne und brätst die Garnelen pro Seite je 2 Minuten. Zum Schluss salzt und pfefferst du die Garnelen und richtest sie auf dem Gemüse an.

Nährwertangabe für das Rezept

Kcal	Kohlenhydrate	Eiweiß	Fett
380	14 g	33 g	18 g

Sonntag – Frühstück

Zutaten für Keto Western Omelett

3 Eier

1 EL Schlagsahne oder Sauerrahm

Prise Salz und Pfeffer

40 g geriebener Käse

30 g Butter

¼ Zwiebel, fein gehack

¼ grüne Paprika, fein gehackt

75 g geräucherter Feinkostschinken, gewürfelt

Zubereitung

1. Eier und Sahne / Sauerrahm in einer Rührschüssel schaumig schlagen. Fügen Sie Salz und Pfeffer hinzu.
2. Fügen Sie die Hälfte der geschredderten Käse hinzu und gut vermischen.
3. Butter in einer Pfanne bei mittlerer Hitze schmelzen lassen; Den gewürfelten Schinken, die Zwiebel und die Paprika für ein paar Minuten lang anbraten.
4. Fügen Sie die Eimischung hinzu und braten Sie das Omelett bis es fest ist.

5. Reduzieren Sie die Hitze nach einer Weile. Den restlichen Käse darüber streuen und das Omelett falten.
6. Sofort servieren und genießen.

Übersicht pro Portion
Netto Kohlenhydrate: 3% (6 g)
Faser: 1 g
Fett: 74% (58 g)
Protein: 23% (40 g)
kcal: 702

Hackbraten

Nun ein Klassiker, der sehr gut zur ketogenen Ernährung passt. Es lohnt sich davon eine größere Portion herzustellen. Reste kannst du einfrieren und dann mit in die Arbeit nehmen.

Du brauchst folgende Zutaten für 8 Personen:

1 EL Butter

1 klein gewürfelte Zwiebel

1 TL Meersalz

1 kg Rinderhackfleisch

2 große Eier

100g frische Champignons

60 ml Tomatensoße (siehe unten)

30g Hartkäse

8 Scheiben Frühstücksspeck

Tomatenmark

1. Zunächst den Backofen auf 200 Grad vorheizen

2. Dann in einer Pfanne die Butter erhitzen, Zwiebeln und Salz hinzugeben und glasig dünsten. Die Zwiebeln in eine Schüssel geben und abkühlen lassen

3. Das Hackfleisch mit Eiern, Pilzen, Käse, Tomatensauce und abgekühlten Zwiebeln vermischen.

4. Die Hackmasse in eine Kastenform geben und mit den Speckscheiben belegen. Die Enden dabei in die Hackmasse stecken, denn sonst wölbt sich der Speck.

5. Den Hackbraten etwa eine Stunde backen. Danach aus dem Ofen nehmen und eine viertel Stunde ruhen lassen.

6. Jetzt aus der Form stürzen und mit Tomatensauce servieren.

Zubereitung der Tomatensauce:

Die einfachste Möglichkeit, eine leckere Tomatensauce zuzubereiten geht folgendermaßen:

Du nimmst Tomatenmark aus der Tube und verrührst diese einfach mit Wasser. Nun nur noch Gewürze, Salz und Pfeffer hingeben und schon ist die leckere Soße fertig. Ganz ohne Mehl und andere Verdickungsmittel.

Hinweis: Du kannst aus diesem Rezept auch kleine Hacktörtchen machen. Einfach statt einer großen Auflaufform kleine Muffinformen verwenden.

Feta-Käse mit Oliven und Paprika

Zutaten:

27 g Feta, 45 %

50 g Oliven, schwarz, eingelegt

14 g Olivenöl

52 g Paprika

Essig

Gewürze

Süßstoff

Zubereitung:

Den Fetakäse mit den Oliven in Würfel bzw. Scheiben schneiden und mit der klein geschnittenen Paprika und Gewürzen im Öl einlegen. Durchziehen lassen.

Nährwertangaben:
371g kcal/4,06g Kohlenhydrate/37,16g Fett/5,03g Protein

Zarte Maischolle mit Gurke und Limettensaft

Zutaten für 4 Portionen:

- 4 Schalotten
- 4 EL Öl
- 1 Salatgurke
- Salz
- Pfeffer
- 2 EL Weißweinessig
- 2 Tomaten
- 3 EL Butter
- 4 küchenfertige Schollen mit Haut
- Limettensaft zum Beträufeln
- Scheiben einer unbehandelten Limette

Zubereitung:

1. Schalotte schälen, hacken und in 3 EL erhitztem Öl andünsten.
2. Salatgurke putzen, schälen und in Stücke schneiden.
3. Zu den Schalotten geben und gar schmoren.
4. Mit Salz und Pfeffer würzen.
5. Weißweinessig hinzufügen und die Flüssigkeit fast verkochen lassen.
6. Tomaten waschen, trocknen, putzen und würfeln.
7. Zum Gurkengemüse geben, unterrühren und das Gemüse warm stellen.

8. Butter mit restlichem Öl in einer Pfanne erhitzen.
9. Die Schollen waschen, trocken tupfen und auf der Hautseite 4 Minuten braten, wenden und 2 Minuten von der anderen Seite braten.
10. Mit Salz und Pfeffer würzen.
11. Schollen mit etwas Limettensaft beträufeln und mit dem Gemüse und den Limettenscheiben garniert servieren.

Hähnchenmedaillons mit Speck umwickelt

Zutaten:

- 1 ½ Pfund ohne Knochen Hähnchenbrust
- 8 bis 10 Scheiben roher Speck
- ½ TL Paprikapulver
- ½ TL Chilipulver
- Salz und Pfeffer nach Geschmack

Zubereitung:

1. Heizen Sie Ihren Grill auf hoher Hitze dann reduzieren auf Mittel-hoch.

2. Schneiden Sie die Hähnchenbrust in zwei oder drei große Stücke.

3. würzen Sie das Huhn mit Salz und Pfeffer, dann probieren Sie Staub mit Paprika und Chilipulver.

(4) umwickeln Sie jedes Medaillon mit einer Scheibe Speck, dann befestigen Sie es mit einem Holzstäbchen.

5. setzen Sie die Spieße auf dem Grill und kochen für 3 bis 5 Minuten auf jeder Seite bis durchgegart.

Orange gegrilltes Huhn mit Mango-Salsa

Zutaten::

- 4 ohne Knochen Hähnchenbrust
- 2 EL frisch gepresster Orangensaft
- 1 Esslöffel Olivenöl
- Salt und Pfeffer nach Geschmack
- 1 reife Mango, entkernt und gewürfelt
- 1 kleine Tomate, gewürfelt
- ½ Tasse kernlose Gurke klein gewürfelt
- ¼ Tasse frischer gehackter Koriander

Zubereitung:

1. Heizen Sie Ihren Grill auf hoher Hitze dann reduzieren auf Mittel-hoch.

2. Wischen Sie zusammen den Orangensaft und Olivenöl in eine kleine Schüssel geben.

3. würzen Sie das Huhn mit Salz und Pfeffer würzen, dann mit der Marinade bestreichen Geschmack.

4. die Hähnchenbrust auf den Grill legen und 10 Minuten kochen lassen.

5. Schalten Sie das Huhn und wieder mit Marinade bestreichen.

6. Kochen Sie das Huhn weitere 8-10 Minuten bis es gar ist.

7. verbinden Sie die restlichen Zutaten: in eine Schüssel geben und dienen über das heiße Huhn.

Spargelsuppe mit Lachsfilet

Zutaten für 4 Portionen:
- ☐ 600 g weißer Spargel
- ☐ 1 Liter Hühnerbrühe
- ☐ 200 g Lachsfilet
- ☐ 2 EL Öl
- ☐ 100 ml Sahne
- ☐ Salz
- ☐ Pfeffer
- ☐ Muskat
- ☐ etwas Zitronensaft
- ☐ 2 Frühlingszwiebeln

Zubereitung:

1. Spargel waschen, schälen, die Enden abschneiden und die Spargelstangen in 3 cm lange Stücke schneiden.
2. Spitzen beiseitelegen.
3. Spargelstücke in der Hühnerbrühe bissfest garen.
4. Lachsfilet waschen, trocken tupfen und in Streifen schneiden.
5. Im heißen Öl braten, herausnehmen und auf Küchenpapier abtropfen lassen.
6. Die Spargelstücke in der Brühe pürieren und mit der Sahne verfeinern.
7. Mit Salz, Pfeffer und Muskat würzen.
8. Spargelspitzen 5 Minuten in der Suppe ziehen lassen.

9. Alles mit Zitronensaft abschmecken.
10. Lachsstücke in die Suppe geben, Frühlingszwiebeln über die Suppe streuen und sofort servieren.

Keto Brötchen

Zutaten:

60 g Kokosmehl
30 g Flohsamenschalen
1 TL Backpulver
20 g Erythrit
½ TL Salz
½ TL Zimt
<u>**½ TL** gemahlene Nelken</u>
200 g Eier
250 ml WASSER

Zubereitung:

1. Küchenmaschine bereitstellen
2. Backblech mit Backpapier auslegen.
3. Backofen vorheizen auf 160 ° Umluft.
4. Wasserkocher oder Topf mit 250 ml Wasser füllen und aufkochen lassen.
5. Zutaten einzeln und nacheinander abwiegen.
6. Nelken in einer Mühle mahlen oder direkt gemahlene Nelken kaufen und nutzen.

7. Nun das Kokosmehl, Flohsamenschalen, Backpulver, Erythrit, Salz, Zimt und Nelken in die Küchenmaschine geben.
8. In der Küchenmaschine alles gut vermischen.
9. Dann während des Rührvorgangs die Eier in die Maschine aufschlagen.
10. Dann das kochende Wasser ebenfalls beim Rührvorgang langsam zugeben und alles gut vermischen lassen.
11. Den Teig in der Maschine ca. 2 Minuten quellen lassen
12. Nun den Teig aus der Maschine nehmen und ca. 8 kleine Brötchen daraus formen.
13. Die Brötchen auf das Blech legen.
14. Nun alles für ca. 20 Minuten in den Ofen.

Avocado Chicken Sandwich mit Bacon

Zutaten

2	Scheiben		Bacon
1	TL		Mayonnaise
100g			Hühnerfleisch
2	Scheiben	Cheddar	Käse
1	TL	Flying Goose Chilisauce,	Sriracha
2			Rispentomaten
¼			Avocado

Zubereitung

Kochzeit: ca. 15 Min

1-Das Hühnerfleisch und den Bacon anbraten und ggf. mit Salz und Pfeffer würzen.
2-Die Innenseiten des Wolken-Sandwiches mit Mayonnaise und der scharfen Sriracha Sauce bestreichen.
3-Das Hühnerfleisch im Anschluss in die Sandwich-Mitte geben.
4-Mit Käse, Bacon und den Tomatenscheiben das Wolkenbrot befüllen.

5-Die Avocado pürieren und ebenfalls in das Wolkenbrot geben.

Omelett mit Lachs

Zubereitungszeit: 15 Minuten

Zutaten für 1 Portion

- 1 EL frisches Schnittlauch
- 1 TL frischer Dill
- 2 Bio-Eier
- 3 ml Wasser
- 1/8 TL Meersalz
- 1/8 TL schwarzer Pfeffer
- 12 g Kokosöl
- 35 g Räucherlachs

Zubereitung

1. Die Kräuter waschen und klein schneiden.
2. In einer kleinen Schüssel Eier, Wasser, Salz und Pfeffer verquirlen.
3. Das Kokosöl in einer Pfanne erhitzen und die Eiermasse hineingießen. Die Hitze reduzieren und die Eier stocken lassen.
4. Auf eine Hälfte des Omeletts den Räucherlachs verteilen und die Kräuter darauf streuen. Das Omelett zusammenklappen und warm genießen.

Ketogene Thunfisch Zucchini Boote

Zutaten für zwei Personen

2 Zucchini

150 g Thunfisch

200 g Tomaten

12 g Zwiebel

70 g Cheddar (geschreddert)

1 Knoblauchzehe

Salz

Pfeffer

Zubereitung

Anfangs bereitest du die Zutaten für die Thunfisch Zucchini Boote vor und heizt den Ofen auf 180° C (Umluft) vor

Dann schneidest du die Zucchini längs in 2Hälften, entfernst die Kerne, höhlst sie aus und würzt sie mit Salz und Pfeffer

Nun lässt du den Thunfisch abtropfen und schneidest die Tomaten, den Knoblauch und die Zwiebeln klein

Jetzt verteilst du alle Zutaten in den Zucchini-Booten

Folgend überstreust du die Boote mit Käse und backst sie im Ofen 20 Minuten fertig

Nährwertangabe für das Rezept

Kcal	Kohlenhydrate	Eiweiß	Fett
281	9 g	32 g	13 g

Blumenkohl Pfannenkuchen (4 Portionen)

Zutaten

450 g Blumenkohl

3 Eier

½ gelbe Zwiebel, gerieben

1 TL Salz

2 Prisen Pfeffer

110 g Butter zum Braten

Zubereitung

- Den Blumenkohl waschen, schneiden und klein raspeln z.B. mit einer Reibe.
- Blumenkohl in eine große Schüssel geben. Die restlichen Zutaten hinzufügen und mischen. 5-10 Minuten ruhen lassen.
- In einer großen Pfanne bei mittlere Hitze Butter oder Öl zum Schmelzen bringen. Es geht schneller wenn Sie Platz für 2-3 Pfannkuchen in der Pfanne haben.
- Die geriebene Blumenkohlmischung in die Bratpfanne geben und vorsichtig flachdrücken, bis sie einen Durchmesser von ca. 6-7 cm erreicht haben.
- Für 4-5 Minuten auf jeder Seite anbraten.

Übersicht pro Portion

Netto-Kohlenhydrate: 7% (5 g)
Faser: 3 g
Fett: 84% (26 g)
Protein: 10% (7 g)
kcal: 278

Auberginen Seeteufel Spießchen

Zutaten für 4 Portionen

- 500 g Seeteufelfilet
- 1 mittelgrosse Aubergine
- 2 EL Zitronensaft

Marinade:

- 4 EL Dijonsenf
- 4 EL Olivenöl
- 2 durchgepresste Knoblauchzehen
- 1 Zweiglein Rosmarin, Nadeln abgestreift und fein gehackt
- Pfeffer aus der Mühle

Zubereitung:

1. Das Fischfilet kalt abspülen und in 4 cm große Stücke schneiden. Die Fischstücke mit der Marinade bepinseln und im Kühlschrank 1 bis 2 Stunden marinieren. Anschließend mit Küchenpapier trocken tupfen.
2. Bei der Aubergine die Enden kappen und der Länge nach halbieren. Die Fruchthälften in etwa 2 cm dicke Scheiben schneiden und sofort mit Zitronensaft

beträufeln, damit sich das Fruchtfleisch nicht braun verfärbt.
3. Die Fischstücke und die Auberginenscheiben abwechslungsweise auf Spießchen stecken.
4. Die Fisch-Auberginen-Spießchen auf Alufolie bei mittlerer Hitze 6 bis 8 Minuten grillen, nach halber Grillzeit wenden.

Spaghetti mit Sardellen

Zutaten:

-¾ Pfund Spaghetti

-5 mittlerer Größe Sardellen

-Olivenöl

-Tomaten aus der Dose

Zubereitung:

1. stecken Sie die Sardellen in ein Sieb geben und schnell eintauchen in kochendes Wasser um die Skins zu lockern und entfernen Sie das Salz.

(2) der Haut und Knochen sie.

(3) hacken Sie und über das Feuer in einem Topf mit einer großzügigen Menge an Öl und etwas Pfeffer.

4. nicht lassen sie kochen, aber wenn sie heiß sind fügen Sie zwei Esslöffel Butter und drei oder vier Esslöffel Tomatenmark Saft gemacht durch Kochen, Tomaten aus der Dose und durch ein Sieb reiben. Kochen Sie die Spaghetti in Wasser, das nur leicht gesalzen ist und achten Sie darauf, nicht zu weich werden lassen.

5. lassen Sie gut abtropfen und in die warme Speise, in dem es serviert werden soll.

6. die Sauce über die Spaghetti gießen und wenn Sie diese verlassen haben im italienischen Stil-Mix durch die Spaghetti mit zwei silbernen Gabeln anheben, bis Soße durch es gegangen ist ungebrochen. Mit geriebenem Käse servieren.

Pilzragout in Kräuterrahm

Zutaten für 4 Portionen:
- ☐ 2 EL Butter
- ☐ 500 g Waldpilze
- ☐ 8 EL Weißwein
- ☐ 400 ml Gemüsebrühe
- ☐ 6 EL Sahne
- ☐ Salz
- ☐ Pfeffer
- ☐ Cayennepfeffer
- ☐ 8 EL frisch gehackte Kräuter

Zubereitung:

1. Waldpilze putzen, feucht abreiben, klein schneiden und in der heißen Butter dünsten.
2. Weißwein und Gemüsebrühe angießen, aufkochen, Sahne einrühren und mit Salz, Pfeffer und Cayennepfeffer abschmecken.
3. Alles 5 Minuten köcheln lassen, dann die frisch gehackten Kräuter unterheben.
4. Das Pilzgemüse auf Tellern anrichten.

Blumenkohlpüree

Zutaten:

325 g Blumenkohl
50 g Kokosmilch
75 gBacon
325 gChampignons
15 g Kokosöl
frische Petersilie

Zubereitung:

1. Blumenkohl waschen, putzen und zerteilen.
2. Topf auf dem Herd erhitzen.
3. Kokosmilch in den Topf geben.
4. Die Röschen in die heiße Kokosmilch geben.
5. Die Röschen dünsten, bis sie weich sind.
6. Dann mit einem Pürierstab fein pürieren.
7. In einer Pfanne Kokosöl erhitzen.
8. Den Bacon in Streifen schneiden.
9. Pilze waschen, säubern und in dünne Scheiben schneiden.
10. Den Speck in die heiße Pfanne geben und anbraten.
11. Dann die Pilze zugeben und zusammen weiter braten.
12. Blumenkohl auf einen Teller geben und die Speck-Pilz-Mischung darüber geben.
13. Petersilie waschen und fein zerhacken.
14. Petersilie nun zur Dekoration darüber streuen.

Blumenkohl-Hackfleisch-Auflauf

Zutaten

400 g Blumenkohl
300 g Hackfleisch, gemischt
50 g Zwiebeln
20 g Butter
200 ml Sahne, 30% Fett
1 TL Rinderbouillon, instant
80 g Emmentaler, gerieben
Salz und Pfeffer
Muskat

Zubereitung

Kochzeit: ca. 30 Min.

Blumenkohlröschen in kochendem Salzwasser für ca. 5 Minuten blanchieren, damit der Blumenkohl noch Biss hat.
Die Röschen in Hälften schneiden und auf dem gut gebutterten Boden der Auflaufform verteilen.
Das Hackfleisch in einem Topf mit den klein gehackten Zwiebeln vermischen und gut mit Salz und Pfeffer abschmecken. Danach die Hackfleischmasse auf den Blumenkohl legen.

In die Sahne 1 TL Rindsbouillon, Salz, Pfeffer und Muskat sowie die Hälfte des geriebenen Emmentalers rühren. Diese Mischung dann auf dem Auflauf verteilen.

Bei 200 °C 25 Minuten im vorgeheizten Ofen backen lassen. Nach der ersten Hälfte der Backzeit, sollte der restliche Emmentaler darüber gestreut werden und danach fertig gebacken werden. So erhalten Sie eine schöne Käsekruste.

Ketogenes Weißbrot

Zubereitungszeit: 85 Minuten

Zutaten für 1 Brot

- 250 g Speisequark
- 150 g Joghurt
- 100 g Frischkäse
- 4 Bio-Eier
- 2 EL Weinessig
- 100 ml heißes Wasser
- 1 TL Meersalz
- 120 g Kartoffelfasern
- 30 g Flohsamenschalen
- 1 Pck. Weinstein-Backpulver
- ¼ TL Brotgewürz

Zubereitung

1. Zuerst Quark, Joghurt, Frischkäse, Eier, Essig, Wasser und Salz glatt verrühren. Dann die übrigen Zutaten dazugeben und zu einem Teig verkneten.
2. Ein Backblech mit Backpapier auslegen, darauf einige Kartoffelfasern streuen. Aus dem Teig eine Kugel formen und diese in den Fasern wälzen. Dann einen Brotlaib formen und oben einkerben.

3. Den Laib auf dem Backblech 1-2 Stunden ruhen lassen.
4. Den Backofen auf 180°C vorheizen. Das Brot dann etwa 70 Minuten backen.

Ketogener Lachs im Zucchini-Bett

Zutaten für zwei Personen

250 g Lachsfilet

1 Zitrone

1 Zucchini

2 Tomaten

30 g Zwiebel

1 EL Olivenöl

1 Knoblauchzehe

Getr. Thymian

Dill, getrocknet

Rosmarin

Salz

Pfeffer

Zubereitung

Am Anfang stellst du alle Zutaten für das Lachs-Rezept zusammen und heizt den Ofen auf 150°C Umluft vor

Dann formst du aus einer Alufolie 2 Schalen, worin du dann Zucchini- und Zitronenscheiben legst

Ebenso legst du den Lachs in die Schalen

Anschließend stückelst du die Tomaten, hackst die Zwiebeln und den Knoblauch und verteilst diese Zutaten auf dem Lachs

Dann würzt du alles noch mit Salz und Pfeffer und legst Kräuter in die Schale

Jetzt verschließt du die Alufolie und backen sie bei 150° C ca. 20 Minuten

Der Lachs ist nun fertig zum verzehren

Nährwertangabe für das Rezept

Kcal	Kohlenhydrate	Eiweiß	Fett
232	10 g	30 g	8 g

Keto Zimt Kaffee (2 Portionen)

Zutaten
2 EL gemahlener Kaffee
1 TL gemahlener Zimt
475 ml Wasser
75 ml Schlagsahne
Zubereitung

Mischen Sie gemahlenen Kaffee und Zimt, fügen Sie heißes Wasser hinzu und brühen Sie ihn wie gewohnt auf.
Die Sahne mit einem Schneebesen oder einem Mixer schlagen, bis sich mittelharte Spitzen bilden.
Servieren Sie den Kaffee in einem großen Becher und fügen Sie die Schlagsahne oben drauf. Mit etwas Zimt bestreuen.

Übersicht pro Portion
Netto Kohlenhydrate: 4% (1 g)
Faser: 1 g
Fett: 92% (14 g)
Protein: 3% (1 g)
kcal: 136

Balsamico gebratene Hähnchenschenkel

Zutaten:

- 2 lbs roh Hähnchenschenkel
- 2 EL Balsamico-Essig
- 2 EL Olivenöl
- 1 TL Zwiebelpulver
- Salt und Pfeffer nach Geschmack

Zubereitung:

1. den Backofen auf 375° c und einem Glas Auflaufform einfetten.

Fischcurry mit Koriander und Joghurt

Zutaten für 4 Portionen:
- ☐ 750 g Heilbuttfilet
- ☐ Saft von 1 Zitrone
- ☐ 1 Knoblauchzehe
- ☐ 1 EL Butter
- ☐ ½ Bund frisch gehackter Koriander
- ☐ 1 TL Kurkuma
- ☐ 2 TL Curry
- ☐ 1 EL Kokosmilch
- ☐ 6 Tomaten
- ☐ 150 g Joghurt
- ☐ Salz
- ☐ Pfeffer

Zubereitung:

1. Fischfilet waschen, trocken tupfen und in mundgerechte Stücke schneiden.
2. Mit Zitronensaft beträufeln.
3. Knoblauchzehe schälen und fein hacken.
4. Butter in einem Topf erhitzen und Knoblauch darin schmoren.
5. Koriander, Gewürze sowie Kokosmilch dazugeben und 3 Minuten mitschmoren.
6. Tomaten waschen, trocknen, Stielansätze entfernen, häuten, entkernen und halbieren.
7. In den Topf geben.
8. Alles weiter 5 Minuten schmoren.
9. Joghurt unterrühren und erhitzen.
10. Fischstücke in die Sauce geben und abgedeckt etwa 10 Minuten darin garen.
11. Mit Salz und Pfeffer abschmecken.

Keto-Pasta in Mascarpone Sauce

Zutaten:

100 g Champignons
30 g Spinat
2 Zweige Thymian
1 Knoblauchzehe
½ Zwiebel
50 g Mascarpone
15 g Parmesan
90 g Keto-Pasta
1 EL Olivenöl
10 g Butter

Zubereitung:

1. Pilze säubern und in Scheiben zerteilen.
2. Knobi und Zwiebeln schälen und in kleine Würfel schneiden.
3. Thymian gründlich waschen und trocknen.
4. Dann die Blätter zupfen.
5. Spinat waschen und trocknen.
6. Sodann in kleinere Stücke zerhacken.
7. Keto-Pasta nach Packungsangabe kochen.
8. Das Kochwasser nicht vollständig wegschütten.
9. Pfanne mit Öl und Butter auf dem Herd erhitzen.

10. Die Pilze zusammen mit den Zwiebeln ca. 3 Minuten anbraten.
11. Gelegentlich umrühren.
12. Knobi und Thymian beimischen und weitere ca. 3 Minuten anbraten.
13. Nun die Mascarpone sowie ein wenig Pasta Kochwasser in die Pfanne schütten.
14. So lange verrühren, bis sich eine cremige Soße ergibt.
15. Anschließend den Spinat unterrühren (ca. 1 Minute)
16. Zuletzt die Pasta zugeben und alles gründlich vermischen.
17. Parmesan raspeln.
18. Zum Servieren mit dem Parmesan bestreuen.

3-Muffins-Mini Frittata

Zutaten

6		Eier
½	TL	Salz
¼	TL	Pfeffer

Zubereitung

Kochzeit: ca. 25 Min

Backofen auf 180°C vorheizen Muffin-Förmchen gut einfetten.
Alle Variationen der Extra-Zutaten vorbereiten Alles in kleine Stücke schneiden.
Die Eier, Salz und Pfeffer miteinander verquirlen.
Die verquirlten Eier zu etwa 2/3 in jede Muffin-Form füllen.
Ein paar TL von den vorbereiteten Lieblingszutaten hinzufügen.
Das Ganze für etwa 20-25 Minuten backen lassen.

Sesam-Mandel-Brot

Zubereitungszeit: 95 Minuten

Zutaten für 1 Laib Brot

- 6 Bio-Eier
- 2 TL Kokosöl
- 250 g Quark
- 1 Prise Meersalz
- 50 g Sesam
- 100 g gemahlene Mandeln
- 50 g gepuffter Amaranth
- 50 g geschroteter Leinsamen
- 1 Pck. Backpulver
- Gewürze nach Geschmack

Zubereitung

1. Eine Brotbackform mit Kokosöl einfetten. Den Backofen auf 150°C vorheizen.
2. Die Eier trennen und das Eigelb mit Quark und Salz glatt verrühren.
3. In einer zweiten Schüssel die übrigen Zutaten vermischen und langsam unter die Quarkmasse rühren.

4. Das Eiweiß steif schlagen und unterheben. Den Teig nun in die Form füllen und 75-80 Minuten backen.
5. Das Brot danach 10-15 Minuten in der Form auskühlen lassen.

Keto-Bananenwaffeln (8 Portionen)

Zutaten
1 reife Banane
4 Eier
100 g Mandelmehl
175 ml Kokosmilch
1 EL gemahlener Flohsamenschalenpulver
1 Prise Salz
1 TL Backpulver
½ Teelöffel Vanilleextrakt
1 Teelöffel gemahlener Zimt
Kokosöl oder Butter zum Braten
Zubereitung

- Alle Zutaten vermischen und eine Weile ziehen lassen.
- Die Mischung in das Waffeleisen oder in einer Pfanne mit Kokosöl oder Butter geben und heiß werden lassen.
- Mit Haselnussaufstrich oder Kokosraspeln und einigen frischen Beeren servieren, oder einfach mit geschmolzener Butter servieren. Sie können da nichts falsch machen!

Übersicht für eine Waffel
Netto Kohlenhydrate: 11% (4 g)
Faser: 1 g
Fett: 75% (13 g)
Protein: 14% (5 g)
kcal: 155

Sonnengetrocknete Tomaten und Pistazien Käsebällchen

Zutaten:

- 1 4oz Paket sonnengetrocknete Tomaten Ziegenkäse
- 1/2 Tasse de-geschälten Pistazien
- Salz und Pfeffer nach Geschmack

Schritte:

- Ihre Ziege Käse in 7 Scheiben schneiden. Form Kugeln mit Ihren hand.s
- Die Pistazien zerquetschen und eine Prise Salz hinzufügen.
- Rollen Ihre Käsekugeln auf Ihre Pistazien, sie vollständig zu bedecken. Viel Spaß!
- Genießen Sie!

Hähnchen mit Cashewkruste

Zutaten für 2 Portionen:

- ☐ 2 Hähnchenbrustfilets
- ☐ 250 g TK- Blattspinat
- ☐ ½ Brötchen vom Vortag. (Ich empfehle hier Low Carb Brötchen)
- ☐ 15 g gesalzene geröstete Cashewkerne
- ☐ 1 Ei
- ☐ 2 EL Öl
- ☐ 1 Zwiebel
- ☐ 1 Knoblauchzehe
- ☐ 2 TL Butter
- ☐ Muskatnuss
- ☐ Salz
- ☐ Pfeffer

Zubereitung:

1. Den Spinat bitte auftauen.
2. Erhitzen Sie ein Blech im heißen Ofen bei 220 Grad (Umluft 200 Grad) auf der mittleren Schiene. Zerkleinern Sie jetzt das Brötchen und die Cashewkerne, wenn vorhanden in einem Blitzhacker.
3. Würzen Sie bitte die Hähnchenbrustfilets mit Salz und Pfeffer.
4. Das Ei verquirlen Sie bitte, wenden die Filets darin und lassen Sie diese anschließend abtropfen.

5. Danach wenden Sie die Hähnchenbrustfilets in der Cashew- Brötchen- Mischung.
6. Erhitzen Sie als nächstes Öl in einem kleinen Topf, setzen die Filets darauf und beträufeln Sie diese zusätzlich mit Öl.
7. Jetzt braten Sie die Filets im heißen Ofen 15 Min, dabei wenden Sie diese nach der Hälfte der Zeit.
8. Währenddessen würfeln Sie die Zwiebel und den Knoblauch fein und drücken Sie den Spinat aus. Nun erhitzen Sie die Butter und dünsten darin die Zwiebeln und den Knoblauch darin an.
9. Geben Sie den Spinat dazu und dünsten Sie ihn ca. 4–5 Min. mit an.
10. Würzen Sie alles mit Salz, Pfeffer und Muskat und servieren Sie es mit den Filets zusammen.

Champion Salat lauwarm

Zutaten:

250 g Champignons
135 g Karotten
30 g rote Zwiebel
20 g Olivenöl
20 g Apfelessig
120 g Gorgonzola
Schnittlauch frisch nach Geschmack

Zubereitung:

1. Die Pilze waschen und putzen.
2. Karotten waschen und in feine Streifen schneiden.
3. Zwiebel schälen und in dünne Ringe schneiden.
4. Pfanne auf dem Herd erhitzen.

5. Pilze waschen, putzen und (ohne Fett) in die Pfanne geben.
6. Solange anbraten, bis diese leicht gebräunt, aber noch etwas fest sind.
7. Dann aus der Pfanne nehmen und in eine Schüssel geben.
8. Nun das Olivenöl zur Hälfte in die Pfanne geben und erhitzen.
9. Die Zwiebeln nun in die Pfanne geben und anbraten.
10. Sodann herausnehmen und zu den Pilzen geben.
11. Dann die Karotten-Streifen ebenfalls zu der Pilz-Zwiebel Mischung geben.
12. Aus Apfelessig, Öl und Salz ein Dressing mischen.
13. Schnittlauch klein hacken und in das Dressing mischen.
14. Dieses Dressing dann über die Pilz-Zwiebel-Mischung geben.
15. Alles gründlich vermischen.
16. Den Salat auf einem Teller oder einer Schale anrichten.
17. Den Käse zerbröseln und darüber zerstreuen.
18. Zum Servieren nach Geschmack mit gehackter Petersilie dekorieren.

Low Carb Riegel mit Mandeln

Zutaten

40 g Mandelblättchen
30 g Mandeln
15 g gemahlene Mandeln
1 EL Honig
1 EL Agavendicksaft
30 g Butter
15 g Haferflocken
10 g Bio Chia Samen
10 g Kokosflocken
½ TL Zimt
½ TL Bourbon-Vanille, gemahlen
1 Prise Meersalz

Zubereitung

Kochzeit: ca. 20 Min.

Butter, Agavendicksaft und Honig in einem Topf bei geringer Hitze schmelzen lassen. Mandeln, stark hacken Zimt und Vanille auf einen Teller geben und vermischen. Mandelblätter mit der Hand zerkleinern, in eine Pfanne geben und Haferflocken, gemahlene und gehackte

Mandeln, Chia-Samen, Kokosflocken und eine Prise Meersalz dazugeben und vermischen. Buttermischung auf den Teller geben und vermischen. Mit dem Teigschaber die Riegelmischung auf eine mit Backpapier ausgelegte Backplatte geben und Teigmasse mit ca.1 cm Höhe verteilen. Riegelmischung für etwa 10-15 Minuten im vorgeheizten Backofen bei 175°C backen. Sollte nach 10 Minuten nur der Rand goldgelb bis hellbraun werden, für 1-2 Minuten den Grill einsetzen und unbedingt dabeibleiben, sonst verbrennt der Teig. Backblech aus dem Ofen herausholen und Riegelmasse ein bisschen abkühlen lassen. Lauwarmen Teig in 9 Riegel schneiden. Riegel auf einem Rost abkühlen lassen und dann luftdicht abgedeckt lagern.

Melonen-Feta-Salat

Zubereitungszeit: 15 Minuten

Zutaten für 4 Portionen

- 500 g Wassermelone
- 220 g Feta
- 2 getrocknete Chilischoten
- 8 EL Olivenöl

Zubereitung

1. Die Melone entkernen und gleichmäßig würfeln. Die Würfel auf Tellern anrichten. Den Feta darüber bröseln.
2. Die Chilischoten klein schneiden und mit dem Öl vermischen. Dann kurz ziehen lassen.
3. Das Chiliöl über die Melonen und den Feta geben und servieren.

Brokkoli Salat (2 Portionen)

Zutaten

450 g Brokkoli
225 ml Hausgemachte Mayonnaise
125 ml gehackter frischer Koriander
Prise Salz und Pfeffer

Zubereitung

- Kochen Sie den Brokkoli in leicht gesalzenem Wasser für 2-3.
- Mischen Sie die Mayonnaise mit frisch gehacktem Koriander und fügen Sie den Brokkoli hinzu. Mit Salz und Pfeffer abschmecken.

Roastbeef-sandwich

Zutaten:

- 4oz Roastbeef
- Salat
- Senf
- Gouda-Käse

Schritt:

Montieren Sie das Sandwich. Sie können ein paar Tropfen Stevia oder Zucker Sirup für zusätzlichen Geschmack hinzufügen.

Zarte Maischolle mit Gurke und Limettensaft

Zutaten für 4 Portionen:
- ☐ 4 Schalotten
- ☐ 4 EL Öl
- ☐ 1 Salatgurke
- ☐ Salz
- ☐ Pfeffer
- ☐ 2 EL Weißweinessig
- ☐ 2 Tomaten
- ☐ 3 EL Butter
- ☐ 4 küchenfertige Schollen mit Haut
- ☐ Limettensaft zum Beträufeln
- ☐ Scheiben einer unbehandelten Limette

Zubereitung:
1. Schalotte schälen, hacken und in 3 EL erhitztem Öl andünsten.
2. Salatgurke putzen, schälen und in Stücke schneiden.
3. Zu den Schalotten geben und gar schmoren.
4. Mit Salz und Pfeffer würzen.
5. Weißweinessig hinzufügen und die Flüssigkeit fast verkochen lassen.
6. Tomaten waschen, trocknen, putzen und würfeln.
7. Zum Gurkengemüse geben, unterrühren und das Gemüse warm stellen.
8. Butter mit restlichem Öl in einer Pfanne erhitzen.

9. Die Schollen waschen, trocken tupfen und auf der Hautseite 4 Minuten braten, wenden und 2 Minuten von der anderen Seite braten.
10. Mit Salz und Pfeffer würzen.
11. Schollen mit etwas Limettensaft beträufeln und mit dem Gemüse und den Limettenscheiben garniert servieren.

Eiersalat

Zutaten:

5 Eier (Größe M)
1 sehr frisches Eigelb
75 ml Sonnenblumenöl
½ EL Zitronensaft
½ TL mittelscharfer Senf
etwas Kresse oder Schnittlauch, klein gehackt
Salz, Pfeffer

Zubereitung:

1. Topf mit Wasser auf dem Herd zum Kochen bringen.
2. Die Eier ins Wasser geben und ca. 8 Minuten hart kochen.
3. Danach aus dem Wasser holen und kalt abschrecken.
4. Anschließend abkühlen lassen.
5. Zwischenzeitlich ein Ei aufschlagen und trennen.
6. Das Eigelb zusammen mit Senf in eine Rührschüssel geben.
7. Die Masse mit dem Handmixer schaumig rühren.
8. Dann langsam das Öl zugeben und dabei immer weiterrühren.
9. Es muss sich alles zu einer glatten Creme verbinden.
10. Dann noch den Zitronensaft mit einrühren.
11. Zum Schluss mit Salz und Pfeffer abschmecken.
12. Nun die abgekühlten Eier schälen und grob würfeln.
13. Die Würfel in eine Schale geben.

14. Die selbstgemachte Mayo zu den Eiern geben und gründlich verrühren.
15. Zum Servieren den Salat in kleine Schälchen geben und mit klein gehackter Petersilie dekorieren.

Lachs mit Parmesan und grünen Spargel

Zutaten
900 g grüner Spargel
3 EL Kokosöl, geschmolzen, aber nicht heiß
1 TL Knoblauchpulver
75 ml geriebener Parmesan
75 ml Mayonnaise
1 Knoblauchzehe, gepresst
700 g Lachs, abgespült und trocken getupft
fein gehackter frischer Dill, zum Garnieren (optional)
1 Zitronenscheibe zum Servieren
Zubereitung

- Den Ofen auf 175 ° C vorheizen.
- Den Spargel waschen und die Enden abschneiden.
- Das Spargel-, Kokosöl- und Knoblauchpulver in einen Plastikbeutel mit Reißverschluss geben, versiegeln und leicht schütteln, um den Spargel zu bestreichen.
- In einer Schüssel Parmesan, Mayonnaise und gepressten Knoblauch vermischen.
- Legen Sie 4 rechteckige Stücke Pergamentpapier, groß genug, um den Spargel und Fisch mit viel Papier an den Seiten und Enden zu falten, um Pakete zu falten und zu verschließen. Den gewürzten Spargel gleichmäßig auf die Pergamentblätter verteilen.

- Die Filets mit der Haut nach unten auf den Spargel legen. Den Lachs mit der Mayonnaise-Mischung übergießen.
- Falten Sie das Pergamentpapier über den Fisch und versiegeln Sie alle Seiten.
- Das Paket sollte wie eine Calzone aussehen.
- Die Päckchen auf ein Backblech legen und 12 bis 15 Minuten backen, bis die Innentemperatur des Lachses 63 °C erreicht.
- Mit frischem Dill und Zitronenscheiben garnieren, falls gewünscht.

Übersicht pro Portion
Netto Kohlenhydrate: 4% (6 g)
Faser: 5 g
Fett: 69% (51 g)
Protein: 27% (45 g)
kcal: 676

Saftige Pizza mit Thunfisch-Boden

4 Portionen

Vorbereitung 20 Minuten

Zubereitung 20 Minuten

100 g Chicorée

30 g Zwiebeln

50 g Speck

30 g Paprika

1 Ei

150 g Thunfisch in Öl aus der Dose

30 g Cheddar

etwas Butter

1. Heizen Sie den Ofen auf etwa 200°C vor. Den Thunfisch gründlich abtropfen lassen und mit dem Ei zu einem glatten Teig vermischen.

2. Schneiden Sie das Gemüse, die Zwiebeln und den Speck in kleine Stücke und braten Sie alles in einer Pfanne für etwa 5 Minuten an.

3. Breiten Sie die Thunfischmasse auf einem Blech aus und geben Sie die Mischung aus Speck und Gemüse gleichmäßig darauf. Streuen Sie den Käse darüber und geben Sie alles für etwa 20 Minuten in den Backofen.

100 % Cheddar Pizza Kruste

Zutaten:

- 1lb Grass-fed Hackfleisch
- 2 noch nicht ausgehärteten Biorind Hot-dog
- 1,5 Tassen 4-Käse mittlere Mischung
- 1 EL Bio tausend Island dressing
- 1,5 Tassen geschreddert cheddar
- 1/4 Esslöffel paprika
- 1/4 TL Meersalz
- 1/4 TL gemahlener schwarzer Pfeffer
- 1/4 Teelöffel Knoblauchpulver
- 1 Tasse gehackte romaine
- 2 El gelbe Zwiebeln
- 1/4 Teelöffel Old Bay
- 2 EL gehackter Dill Pickles
- 1/2 Tasse geraspelte amerikanischer Käse
- Dijon-Senf nach Geschmack

Schritte:

(1) bei mittlerer Hitze in einer mittleren Pfanne glasiert mit Olivenöl fügen Sie 1 Tasse-Käse-Mischung gleichmäßig über Pfanne in einen Kreis, dann auf oben, 1 Tasse geschreddert Cheddar. Auch sie mit einem

Spatel. Diese 5 Minuten kochen lassen und sie heben Sie die Kanten, die Käse-Kruste entfernen. Beiseite stellen und kochen lassen.

2. Fügen Sie ein paar Esslöffel tausend Island Dressing, die Kruste.

3. in der Zwischenzeit kochen Sie die Hamburger bis sie gebräunt ist. Fügen Sie die Gewürze und 2 Esslöffel Wasser. Mischen Sie und auf kleiner Flamme köcheln lassen. Fügen Sie die gehackte Hot Dogs in den Mix. Kochen Sie für weitere 5 Minuten.

4. Legen Sie den l gehackte Salat in der Erdkruste. Hacken Sie Ihre Zwiebeln, Gurken und American Cheese. Legen Sie sie beiseite.

(5) über den Salat die Fleisch-Mischung hinzufügen und gleichmäßig verteilen. Fügen Sie die gehackten Gurken und Zwiebeln.

(6) mit Senf und Ketchup beträufeln und top es mit mehr Käse zerkleinert.

Chicken Cacciatore

Für 4 Personen

Zutaten: 1/2 Teelöffel getrockneter Oregano, 1/2 Tasse gewürfelte grüne Paprika, 1/4 Tasse gewürfelte rote Paprika, 1/2 Tasse gewürfelte Zwiebel, 1/2 Dose passierte Tomaten, Olivenöl Spray, Salz und Pfeffer nach Geschmack, 4 Hühnerschenkel ohne Haut, 2 Esslöffel gehackte Petersilie oder Basilikum, 1 Lorbeerblatt

Zubereitung:
1. Das Fleisch mit Salz und Pfeffer würzen und dann die Sauté-Funktion drücken.
2. Den Kochtopf leicht mit Öl bestreichen und das Fleisch für einige Minuten auf jeder Seite anbraten. Stellen Sie das Huhn beiseite.
3. Sprühen Sie den Instant-Topf mit extra Öl ein und fügen Sie in Paprika und Zwiebeln hinzu, anbraten bis es weich und golden ist.
4. Nun gießen Sie die Tomaten über das Gemüse und Hühnchen und fügen Sie dann Salz, Pfeffer, Oregano und Lorbeerblatt hinzu. Rühren Sie die Mischung um und bedecke sie es dann.
5. Kochen Sie die Zutaten für 25 Minuten bei hohem Druck und anschließendem den Druck natürlichen ablassen.

Nährwertangaben pro Portion: Kalorien: 133, Fett: 3g, Kohlenhydrate: 10.5g, Protein 14g

Smoothie White Ice Coffee"

Arbeitszeit: ca. 5 Min.
ca. 21 g Fett, ca. 9 g Eiweiß, ca. 4,5 g Kohlenhydrate

Zutaten (1 Person)
75 ml kalter Bohnenkaffee
75 ml Mandelmilch
50 g Schmand
25 g gehackte Mandeln
½ EL Kokosmus
2 kleine Eier
1 Msp. Vanillemark
2 Eiswürfel

Zubereitung
Geben Sie einfach alle Zutaten in einer fürs Pürieren geeignetes Gefäß und bearbeiten Sie es so lange, bis eine glatte Masse entstanden ist.
Danach füllen Sie den Eiskaffee - Smoothie in ausreichend großes Glas und geben die Eiswürfel dazu. Natürlich können Sie den Smoothie vorher auch noch ein paar Stunden in den Kühlschrank stellen und dann erst die Eiswürfel aus der Gefriere holen. Je nachdem, wie kalt Sie es mögen.

Guten Appetit!

Frühstücksriegel mit Apfel und Zimt

8 Portionen

Zutaten:

4 Eier

150 g gemahlene Pekannüsse

50 g Kokosfett

einige gefriergetrocknete Apfelstücke

2 TL Zimt

1 TL Vanille Extrakt

10 Tropfen Flüssigstevia

1. Zuerst den Backofen auf 180°C vorheizen. Währenddessen die Eier, das Kokosfett, Vanille Extrakt, Stevia und Zimt gründlich verrühren.

2. Nun die Äpfel und Nüsse untermischen und alles kräftig miteinander vermischen.

3. Den Teig in eine Auflaufform füllen, gleichmäßig verstreichen und bei einer Temperatur von 180°C etwa 25 Minuten backen. Danach in gleichmäßige Riegel teilen und servieren.

Avocado Eier Salat

Zutaten:

1 Avocado
2 Eier
¼ Zitrone
20 g Dijon Senf
Salz, Pfeffer

Optional: 80 g Brot

Zubereitung:

1. Topf mit Wasser auf dem Herd erhitzen.
2. Die Eier darin ca. 8 Minuten hart kochen.
3. Eier aus dem Topf nehmen und kalt abschrecken.
4. Die kalten Eier fein würfeln und in eine Schüssel geben.
5. Avocado halbieren und vom Kern lösen.
6. Die Schale entfernen und das Fruchtfleisch in feine Würfel schneiden.
7. Die Würfel zu den Eiern geben und vermengen.
8. Die Zitrone auspressen und den Saft in eine kleine Schüssel geben.
9. Den Senf zum Zitronensaft geben und gründlich verrühren .

10. Die Mischung mit Salz und Pfeffer abschmecken.
11. Nun die Zitronen-Senf Mischung zu der Eier-Avocado-Masse geben und gründlich vermischen.
12. Kann so gegessen werden oder auf einer Scheibe Keto-Brot oder Keto-Brötchen gegessen werden.

Crepes auf Ketogen

Allgemein werden Crepes jetzt ja nicht unbedingt in die ketogene Ernährung zugeordnet. Es gibt aber zum Glück gute Abwandelungen, die auch für die Ketose geeignet sind. Das Grundrezept ohne Stevia oder Erythrit geht auch sehr gut für herzhafte Crepes. Dann kommen am besten mehr Salz und Pfeffer dazu. Süß schmecken die Crepes sehr gut, wenn noch ein wenig Zimt hinzugefügt wird.

Zutaten:

- 4 Eier
- 100 ml ungesüßte Mandelmilch oder Hafermilch
- 20 Gramm Kokosmehl
- 1 Prise Salz
- Ausgeschabtes Mark einer Vanilleschote oder Vanillearoma zum Backen
- 15 bis 20 Gramm Kokosöl
- Ein wenig Stevia oder Erythrit nach Geschmack

Zubereitung:

Im ersten Schritt werden alle genannten Zutaten gut miteinander vermischt.

In einer Pfanne das Kokosöl erhitzen. Den Teig so in die Pfanne geben, dass der Boden jeweils dünn bedeckt ist. Es sollen dünne Crepes und keine dicken Pfannkuchen werden. Wenden und im Anschluss servieren. Dazu können zum Beispiel Beeren oder Rucola gegessen werden.

Curry-Shrimps-Suppe

Zubereitungszeit: 15 Minuten

Zutaten für 2 Portionen

- 200 ml Kokosmilch
- 1 EL Currypaste
  - **Chiliflocken**
- 1 EL Sojasoße
- 1 EL Fischsoße
- 1 EL Kokosöl
- 175 g Shrimps
- Gewürze nach Wahl

Zubereitung

1. Die Milch mit Currypaste, Chiliflocken, Sojasoße und Fischsoße 5-6 Minute leicht köcheln lassen.
2. Das Kokosöl und die Shrimps dazugeben und aufkochen, dann 10-12 Minuten köcheln lassen.
3. Die Suppe mit Gewürzen nach Wahl abschmecken und servieren.

Keto Hamburger (4 Portionen)

Zutaten
800 g Hackfleisch
30 g Butter oder Olivenöl zum Braten
Salz und Pfeffer
50 g geschredderter Salat
1 Tomate
1 rote Zwiebel
8 EL Mayonnaise
150 g gekochter Speck
Keto Hamburgerbrötchen
150 g Mandelmehl
5 EL (40 g) gemahlenes Flohsamenschalen Pulver
2 TL (10 g) Backpulver
1 TL Meersalz
2 TL Weißweinessig oder Apfelessig
300 ml kochendes Wasser
3 Eiweiß
1 EL (10 g) Sesamsamen

Zubereitung Hamburger Brötchen

- Den Ofen auf 175 ° C vorheizen.
- Fangen Sie mit den Hamburgerbrötchen an! Die trockenen Zutaten in einer Schüssel vermischen. Bringen Sie das Wasser zum Kochen. Das heiße Wasser mit Essig und den Eiweißen in eine Schüssel geben und verrühren mit einem Handmixer. Den Teig nicht übermixen; die Konsistenz sollte Play-Doh ähneln.

- Mit feuchten Händen den Teig in 4 Burger Brötchen formen und oben mit Sesam bestreuen. Im untersten Abteil im Ofen für 50-60 Minuten backen. Sie sind fertig, wenn Sie ein hohles Geräusch hören, wenn Sie auf die Unterseite der Brötchen tippen.

Hamburger

- Bereiten Sie die Gewürze vor, während das Brot backt. Den Salat zerkleinern, Tomaten und Zwiebel dünn schneiden und den Speck anbraten.
- Das Hackfleisch in einzelne Hamburger formen und entweder grillen oder braten. Mit Salz und Pfeffer würzen, wenn die Hamburger fast fertig sind.
- Die Brote halbieren und eine großzügige Menge Mayonnaise auf beide Hälften geben.

Übersicht pro Portion
Netto Kohlenhydrate: 3% (6 g)
Faser: 10 g
Fett: 76% (87 g)
Protein: 21% (54 g)
kcal: 1067

Keto Kräuterbutter

Frische Kräuterbutter ein muss für viele! Habe ich Deine Aufmerksamkeit geweckt? Probiere diesen Keto-Klassiker, der von Fleisch über Fisch bis hin zu Gemüse serviert werden kann. Du kannst nichts falsch machen!

Das Rezept ist für 4 Personen.

Zubereitung:

150 g Butter, bei Raumtemperatur

1 gepresste Knoblauchzehe

½ EL Knoblauchpulver

60 ml fein gehackte frische Petersilie

1 TL Zitronensaft

½ TL Salz

Zubereitung:

Mische alle Zutaten gründlich in einer kleinen Schüssel. 15 Minuten ruhen lassen, damit sich die Aromen vor dem Servieren gut entwickeln können.

Diese Kräuterbutter gefriert gut, also mache einen große Portion und stelle sie in den Gefrierschrank.

Bulletproof Coffee

Nährwerte:

Kohlenhydrate: 0 g
Fett: 38 g
Protein: 1 g
kcal: 334
Vorbereitungszeit:

5 Minuten

Kochzeit:

-

<u>Zutaten:</u>

(1 Person)
1 Tasse heißer Kaffee frisch gebrüht
2 EL ungesalzene Butter
1 EL MCT-Öl oder Kokosnussöl
<u>Zubereitung:</u>

1.) Kombinieren Sie alle Zutaten in einem Mixer. Alles glatt und schaumig mischen.
2.) Sofort servieren.

Käseomelette (Vegetarisch)

625 kcal | 2,5g Kohlenhydrate | 27g Eiweiß | 54g Fett

Zutaten für 1 Person:

1 EL Öl
2 Eier
30 g geriebener Gouda
50 ml Sahne
4 Scheiben Salami
Salz und Pfeffer

Zubereitung:

Als Erstes die Salami in Streifen schneiden.
Danach die Eier mit der Sahne verrühren und mit Salz und Pfeffer würzen.
Das Öl in einer Pfanne erhitzen und die Eier-Masse hineingeben. Jetzt etwas abwarten.
Dann den Gouda und die Salamistreifen gleichmäßig darauf verteilen.
Zum Schluss einmal zusammenklappen und servieren.

Gemüselasagne

4 Portionen

Vorbereitung 20 Minuten

Zubereitung 25 Minuten

200 g Tomaten

100 g gelbe Peperoni

100 g rote Peperoni

100 g Karotten

100 g Knollensellerie

2 EL Olivenöl

300 g Rinderhack

1 TL Currypulver

Meersalz, schwarzer Pfeffer

150 ml Gemüsebrühe

100 ml Kokosmilch

1 TL Honig

2 Auberginen

1. Ofen auf 160 Grad vorheizen.

2. Tomaten und Peperoni waschen, halbieren und würfeln. Karotten und Knollensellerie schälen und ebenso würfeln. Alles in einer Schüssel zur Seite stellen.

3. Olivenöl in einer Pfanne erhitzen, Hackfleisch 5 Minuten scharf anbraten. Mit Curry, Salz und Pfeffer würzen. Gemüse dazu geben, kurz mit anbraten. Gemüsebrühe zugeben und 15 Minuten köcheln lassen. Fleisch-Gemüse-Ragout mit Kokosmilch und Honig abschmecken.

4. Auberginen waschen und in dünne Scheiben schneiden.

5. Hackfleisch-Gemüse-Ragout abwechselnd mit Auberginenscheiben in eine Auflaufform schichten, mit einer Gemüseschicht abschließen. Im Ofen 35 Minuten backen.

Thailändische Kokos-Suppe

<u>Zutaten:</u> **für die Brühe**

- 4 Tassen Hühnerbrühe
- 100 g rohe Wild gefangen, Garnelen oder 100 Gramm rohem Hühnerfleisch Oberschenkel
- 30 Gramm rote Zwiebel, in dünne Scheiben geschnitten
- 1,5 Tassen Vollmilch Kokosmilch
- 3 Kaffir-Limettenblätter (gefunden in den asiatischen Märkten) OR abgeriebene Schale von 1 Bio-Limette
- 1-Zoll-frisches Zitronengras schneiden Sie in Scheiben oder 1 Teelöffel getrocknetes Zitronengras
- 3 oder 4 getrocknete Thai Chilis (oder Sie können dies mit Jalapeno ersetzen)
- 1 Tasse frischer Koriander
- 1-Zoll-Stück frische Ingwerwurzel
- 1 Teelöffel Meersalz

1 Esslöffel Kokosöl

- 30 Gramm Champignons

Schritte:

1. Legen Sie alle Zutaten: in einen Topf geben und köcheln lassen sehr leicht 20 Minuten. Verhindern, dass es siedet.

(2) belasten Sie den Koriander, und legen Sie die Flüssigkeit zurück in die Pfanne geben.

(3) bringen Sie die Brühe wieder zum Sieden, dann fügen Sie die Garnelen oder Hühnerfleisch. Fügen Sie die Sardellen oder der Fisch Soße. Nach 5 Minuten die Pilze dazugeben und es lassen weitere 10-12 Minuten köcheln.

(4) Limettensaft vor dem Servieren hinzufügen.

Fleischbällchen

Für 5 Personen

Zutaten: 3 Tassen Marinara-Sauce, 1 Teelöffel Olivenöl, 1/3 Tasse warmes Wasser, ¼ Teelöffel getrockneter Oregano, 1 Teelöffel getrocknete Zwiebelflocken, ¼ Teelöffel Knoblauchpulver, ¼ Teelöffel gemahlener schwarzer Pfeffer, 1 Teelöffel Salz, 2 Eier, ½ Tasse Mandelmehl, ¾ Tasse geriebener Parmesan, 2 Esslöffel frisch Petersilie gehackt, 750gr. Hackfleisch

Zubereitung:
1. Mischen Sie die Zutaten außer der Marinara und dem Olivenöl in einer mittelgroßen Schüssel.
2. Aus dieser Mischung 15 Stück Fleischbällchen herstellen und beiseite stellen.
3. Bedecken Sie nun den Topfboden mit Olivenöl und braten Sie die Fleischbällchen an von allen Seiten mit der Sauté-Funktion.
4. Sobald Sie fertig sind, legen Sie die Fleischbällchen in den Kochtopf und lassen Sie einen 1cm Platz zwischen jedem Ball. Stellen Sie sicher, dass Sie sie nicht eindrücken.

5. Gießen Sie die Sauce über die Fleischbällchen und sichern Sie den Deckel. Stellen Sie den Instant-Topf auf manuell und wählen Sie eine niedrige Druck Stufe und kochen Sie es für 10 Minuten.
6. Sobald der Piepton ertönt, den Drück zügig entweichen lassen , um weiteres Kochen zu verhindern. Öffnen Sie dann vorsichtig den Deckel und servieren Sie die Fleischbällchen mit der Soße.

Nährwertangaben pro Portion: Kalorien: 455, Fett: 33gr, Kohlenhydrate: 5gr, Protein 34gr

Kabeljau mit Mandeltopping auf Thymian – Basilikum – Tomaten

Arbeitszeit: ca. 25 Min.
ca. 26 g Fett, ca. 43 g Eiweiß, ca. 10 g Kohlenhydrate

Zutaten (1 Person)
175 g Kabeljau
1 EL Olivenöl
2 TL getrockneter Thymian
20 g gehackte Mandeln
½ Zitronen (Saft)
150 g Cherrytomaten
6 Blätter frischer Basilikum
Salz
Pfeffer

Zubereitung
Heizen Sie den Ofen auf 220°C (Umluft) vor.

Geben Sie das Öl in eine beschichtete Pfanne und würzen Sie den Fisch von beiden Seiten mit Salz und Pfeffer. In der Pfanne wird er dann, ebenfalls von beiden Seiten, goldbraun gebraten. Den Fisch auf ein

Blech geben und in den Ofen schieben. Für etwa 8 Minuten. Schauen Sie zwischendurch mal nach ihm, dass er nicht zu dunkel wird. Im Zweifel nehmen Sie ihn einfach früher heraus.

In der Zwischenzeit geben Sie die Tomaten mit dem Thymian in die Pfanne von eben und braten sie in dem Olivenöl, dass da noch drinnen sein muss, so lange, bis sich die Haut beginnt abzulösen.

Auf einen flachen Teller damit, Basilikum darauf verteilen, den fertigen Fisch darauf platzieren und diesen mit den Mandeln sowie dem Zitronensaft toppen.

Guten Appetit!

www.ingramcontent.com/pod-product-compliance
Lightning Source LLC
Chambersburg PA
CBHW071451070526
44578CB00001B/302